登山初心者から中級者まで

高尾・奥多摩
奥武蔵・秩父
の
山あるき

人気の山 **55** コース

Contents

表紙写真
[上段左から] マルバウツギ、タマゴタケ、セツブンソウ、ノハラアザミ [中段] 宝登山から見た秩父の山々（コース49）[下段左から] 御岳山（コース11）、鐘撞堂山（コース48）、七代の滝（コース11）

目次写真
[左ページ] 陣馬山の山頂広場（コース6）[右ページ・左上から時計回りに] アカヤシオ、高尾山（コース1）、綾広の滝（コース11）、三頭山（コース27）

高尾・陣馬

高尾・奥多摩
奥武蔵・秩父
の
山あるき

人気の山55コース

奥 多 摩

奥 武 蔵・秩 父

本書の使い方

本書のご利用にあたって
本書は、高尾・奥多摩・奥武蔵・秩父エリアの山を歩いて楽しむための案内書です。入門者向けから中級者向けまで、多様なコースを掲載していますので、無理のない計画でお出かけください。

●標高
コース上の最高点の標高を表示しています。タイトルの山の山頂標高でない場合もありますのでご注意ください。

●総歩行時間
コースの歩行時間の合計です。休憩時間は含みません。ただし、気象条件や道の状況、個人の体力や経験によって大きく変わることがあります。この時間はあくまでも目安として、余裕を持った計画を立ててください。

●総歩行距離
コースの歩行距離の合計です。地形図をもとにコースの斜面に沿った距離を割り出していますが、実際と若干の差が出る場合があります。

●標高差
登りでは、スタート地点または最低標高地点から山頂（または最高点）間の、下りでは、山頂（または最高点）からゴール地点または最低標高地点間の単純標高差を表示しています。歩行中に登った高度、下った高度をすべて合算した累積標高差とは異なりますのでご注意ください。

●登山レベル（難易度の指標）
以下の基準により設定しています。
入門者向け……難易度が体力・技術ともに★
初級者向け……難易度が体力・技術ともに★★以下
中級者向け……難易度が体力・技術ともに★★★以下

体力　一日の歩行時間や標高差に対応しています。
　★…………歩行4時間未満で標高差400m未満
　★★…………歩行6時間未満もしくは標高差400m〜800m程度
　★★★…………歩行8時間未満もしくは標高差800m以上

技術
　★…………景勝地のよく整備された遊歩道、散策路
　★★…………指導標が整備され、難所のない登山道
　★★★…………小規模なガレ場や岩場などがあるコース

ただし、コースの状況によっては上の条件に増減を加えることがあります。
※登山適期外（積雪期など）ではレベルが変わりますので、注意してください。

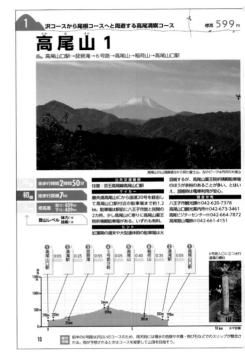

●アクセス情報
電車・バスなどの公共交通機関もしくは車で出かける際の、登山口までのアクセスの情報です。アクセスに関する所要時間などは、通常期のものを掲載しています。繁忙期や閑散期には所要時間が変わる場合があります。また、車でお出かけの際はあらためて地図でルートをご確認ください。

●ヒント
アクセスの参考情報やマイカー利用の場合のプランニングなど、山行の計画に役立つ情報を紹介しています。

沢沿いの6号路から山頂を目指し、
樹林に包まれた稲荷山コースを下る

高尾山には1号路から6号路まで6本の自然研究路コースがあるが、ここでは、唯一の水辺コースである6号路で山頂に立ち、6号路をはさんで高尾山と対峙する稲荷山コースを下る。稲荷山コースは、2022年から2023年にかけて木段や木道が新設され、手すりやネット、ベンチも整備されたためにより歩きやすくなった。
あずまやの跡地に造られた開放的な展望デッキも人気だ。

❶高尾山口駅から人の流れについて歩けば、すぐにケーブルカーの❷清滝駅。駅を正面に見て左側の細い車道を行く。しばらく歩くと左に6号路が分岐するのでここは左に。分岐点には「高尾山琵琶滝湧水道場」と記された石柱が立ち、道も登山道らしくなる。

岩屋大師を右に見ればほどなく、❸琵琶滝への道が現れる。右に行けば滝はすぐの立ち寄っていこう。高尾山上流の蛇滝とともに高尾山薬王院の水行道場である落差10mほどの琵琶滝を見学したら登山道に戻る。

分岐から6号路を進んでいく。分岐からすぐに琵琶滝の上部を歩くが、滝の修行者が見えないよう目隠しが設置されている。この先、木の根が露出した歩きづらい部分があるが、道はすぐに落ち着き、新しいベンチも現れる。沢を右に見なが

ベニマルの高尾山山頂の人だかないー瞬

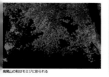

高尾山の秋はモミジに彩られる

行く道は傾斜もそれほどなく歩きやすい。

硯に使われることから硯石ともよばれる粘板岩の露出する間もなく大山崎で、ここを渡れば沢は、進行方向に向かって左側へと位置を変える。

ここまで来ると登りの行程の3分の2ほどを消化したことになり、山頂はもう遠くない。ただし、道は若干歩きづらくなり、急勾配の箇所や道幅の狭いところなどでは歩行に十分注意したい。

やがて稲荷山コースへと続く連絡路の木橋が現れ、連絡路を左に見送って直進すると、6号路名物、小仏のなかに続く飛石群が見えてくる。慎重に行けばなんら問題のない場所だが、雨などで濡れている時はスリップに注意してほしい。

耳よりコラム
高尾山の水行道場
高尾山には当コースで紹介した琵琶滝（大聖不動明王）と、高尾山北側の蛇滝（青龍大権現）という2カ所の水行道場がある。事前に申し込めば、僧侶の入滝指導のもとで一般の人も滝の水を全身に受ける行が可能だ（有料）。行衣の貸し出しも行っている。問合せは高尾山薬王院（☎ 042-661-1115）まで。

11

---

❶**高低図**
掲載コースの高低断面図を掲載しています。縦軸は標高、横軸は水平距離です。水平距離は10km未満の場合、15km未満の場合、20km未満の場合、30km未満の場合があります。横軸の目盛幅が同じ場合は、コースの傾斜の表現の比較ができますが、違う場合ではずれが生じますので、ご注意ください。水平距離は歩行距離よりもやや少な目に表示されますのでご注意ください。また、傾斜は実際より急角度に表現されています。

●**コラム**
コースごとに1〜3本のコラムがあります。コースならではの花や樹木の自然観察ポイントや耳より情報、立ち寄りスポット、温泉などを紹介しています。さらに、登山を安全、安心に楽しむための、ちょっとしたワンポイントアドバイスなどもまとめました。

高尾山1

●**地図**
●本書に掲載されている地図は、国土地理院発行の地形図を元に制作されています。
●登山の際には、本書に加えて国土地理院発行の2万5000分の1地形図を携帯されることをおすすめします。
●地図上の情報、ルートは、発行後に変更、閉鎖される場合もありますので、ご注意ください。
●花の掲載位置はエリアを表すもので、花の咲いている位置を正確に示しているものではありません。

地図記号の凡例

── 本文で紹介している登山コース	⛰ 山頂	⚡ 電波塔
○ 登山コースのポイント	1945 三角点	🪦 碑
←0:30 登山コースポイント間のコースタイム	1945 標高点	学校
── 本文でサブコースとして紹介している登山コース	有人小屋	警察署・交番
── その他の登山道・小道	避難小屋	郵便局
═══ 有料道路	水場	◉ 市役所
❶ 国道	トイレ	○ 町村役場
─・─・─ 県界	花	卍 寺院
─・─・─ 市町村界	登山ポスト	神社
─━─ 鉄道（JR）	駐車場	ゴルフ場
─●─ 鉄道（私鉄）	バス停	発電所・変電所
○─○ リフト	キャンプ場	温泉
□─□ ロープウェイ	ホテル・旅館	史跡・名勝
□─□ ケーブルカー		

装備チェックリスト

ウエア	日帰り(春・秋)	日帰り(夏)	日帰り(冬)
☐ ズボン	◎	◎	◎
☐ 速乾性Tシャツ	◎	◎	◎
☐ 長袖シャツ	◎	◎	◎
☐ セーター・フリース	◎	△	◎
☐ 下着(替え)	△	○	△
☐ アンダータイツ(保温用)	○	×	◎
☐ 靴下(替え)	×	×	○
☐ 帽子(日除け用)	○	◎	△
☐ 帽子(防寒用)	○	×	◎
☐ 手袋	◎	△	◎
☐ バンダナ	○	○	○
☐ ネックウォーマー・マフラー	○	×	○
☐ ウインドブレーカー	○	△	○

生活用具	日帰り(春・秋)	日帰り(夏)	日帰り(冬)
☐ タオル	○	○	○
☐ 洗面用具	△	△	△
☐ 日焼け止め	○	◎	○
☐ コッヘル	△	△	△
☐ コンロ	△	△	△
☐ ウエットティッシュ	○	○	○

非常時対応品	日帰り(春・秋)	日帰り(夏)	日帰り(冬)
☐ ファーストエイドキット	◎	◎	◎
☐ 常備薬	○	○	○
☐ レスキューシート	◎	◎	◎
☐ 非常食	◎	◎	◎
☐ 健康保険証(コピー)	○	○	○
☐ ツエルト	○	△	△
☐ 細引き・ロープ	△	△	△
☐ ホイッスル	○	○	○
☐ 熊除けの鈴・ヤマビル忌避剤	△	△	△
☐ ポイズンリムーバー	○	○	×

登山用具	日帰り(春・秋)	日帰り(夏)	日帰り(冬)
☐ 登山靴	◎	◎	◎
☐ スパッツ	△	△	△
☐ 軽アイゼン	×	×	◎
☐ ザック	◎	◎	◎
☐ ザックカバー	◎	◎	◎
☐ ストック	△	△	△
☐ 折畳み傘	○	○	○
☐ レインウエア	◎	◎	◎
☐ 水筒	◎	◎	◎
☐ ヘッドランプ・替球	◎	◎	◎
☐ 予備電池	○	△	△
☐ ナイフ	△	△	△
☐ サングラス	△	△	△
☐ 保温ポット	○	×	○
☐ カップ	△	△	△
☐ コンパス	◎	◎	◎
☐ 地図・地形図	◎	◎	◎
☐ コースガイド・コピー	○	○	○
☐ 高度計	○	○	○
☐ 携帯型GPS	△	△	△
☐ 時計	◎	◎	◎
☐ 携帯電話・スマートフォン	◎	◎	◎
☐ カメラ	○	○	○
☐ 手帳・ペン	○	○	○
☐ ライター・マッチ	○	○	○
☐ ビニール袋	○	○	○
☐ 新聞紙	△	△	△
☐ ビニールシート・マット	○	○	○
☐ トイレットペーパー	◎	◎	◎

◎…必ず携行するもの
○…携行すると便利なもの
△…コースや季節、登山内容によって携行するもの
×…特に必要なし

※日帰り(春・秋)は雪がないことを前提。また日帰り(冬)は根雪にはならないが、ときに降雪に見舞われることを前提にした装備です。
※リストはあくまでも目安です。※雲取山(山小屋泊)についてはP115参照

➡高尾山4号
路の吊り橋
（コース2）
⬇高尾山山頂
からの富士山
（コース1）

⬅陣馬山山頂
の白馬像
（コース6）

高尾・陣馬エリア

登山者数が年間300万人以上、
世界一多いともいわれている
高尾山。
都心から近距離にありながら
今もなお原生の自然が残り、
動植物の種類も豊富だ。
ケーブルカーやリフトを使って
手軽に登れるのも魅力のひとつ。
すぐ近くには陣馬山や景信山、
生藤山などがあり、
一大人気エリアとなっている。

TAKAO,JINBA

高尾山 1
たか　お　さん

👟 高尾山口駅→琵琶滝→6号路→高尾山→稲荷山→高尾山口駅

高尾山の山頂展望台から見た富士山。左のピークは丹沢の大室山

中級	総歩行時間 **2時間50分**
初級	総歩行距離 **7km**
入門	標高差 登り:**409m** 下り:**409m**

登山レベル 体力:★ 技術:★

公共交通機関
往復:京王高尾線高尾山口駅

マイカー
圏央道高尾山ICから国道20号を経由して高尾山口駅付近の駐車場まで約1.2km。駐車場は駅前に八王子市営と民間の2カ所。少し高尾山IC寄りに高尾山薬王院祈祷殿駐車場がある。いずれも有料。

ヒント
紅葉期の週末や大型連休時の駐車場は大混雑するが、高尾山薬王院祈祷殿駐車場のほうが余裕のあることが多い。とはいえ、混雑時は電車利用が安心。

問合せ先
八王子市観光課☎042-620-7378
高尾山口観光案内所☎042-673-3461
高尾ビジターセンター☎042-664-7872
高尾登山電鉄☎042-661-4151

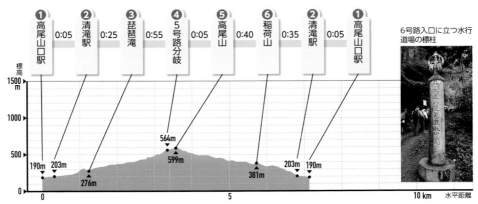

6号路入口に立つ水行道場の標柱

❶高尾山口駅	0:05	❷清滝駅	0:25	❸琵琶滝	0:55	❹5号路分岐	0:05	❺高尾山	0:40	❻稲荷山	0:35	❷清滝駅	0:05	❶高尾山口駅

標高
1500m
1000m
500m
190m 203m 276m 564m 599m 381m 203m 190m
0　　　　5　　　　10 km　水平距離

欄外情報　前半の6号路は沢沿いのコースのため、雨天時には増水の危険や木橋・飛び石などでのスリップが懸念される。雨が予想されるときはコースを変更して山頂を目指そう。

沢沿いの6号路から山頂を目指し、樹林に包まれた稲荷山コースを下る

概要 高尾山には1号路から6号路まで6本の自然研究路コースがあるが、ここでは、唯一の水辺コースである6号路から山頂に立ち、6号路をはさんで高尾山と対峙する稲荷山コースを下る。稲荷山コースは、2022年から2023年にかけて木段や木道が新設され、手すりやネット、ベンチも整備されたためにより歩きやすくなった。あずまやの跡地に造られた開放的な展望デッキも人気だ。

コース ❶**高尾山口駅**から人の流れについて歩けば、すぐにケーブルカーの❷**清滝駅**。駅を正面に見て左側の細い車道を行く。しばらく歩くと左に6号路が分岐するのでここは左に。分岐点には「高尾山琵琶瀧水行道場」と記された石柱が立ち、道も登山道らしくなる。

岩屋大師を右に見ればほどなく、❸**琵琶滝**への分岐が現れる。右に行けば滝はすぐなので立ち寄っていこう。高尾山北山腹の蛇滝とともに高尾山薬王院の水行道場である落差10mほどの琵琶滝を見学したら分岐に戻る。

分岐からは6号路を進んでいく。分岐からすぐに琵琶滝の上部を歩くが、滝の修行者が見えないよう目隠しが設置されている。この先、木の根が露出した歩きづらい部分があるが、道はすぐに落ち着き、新しいベンチも現れる。沢を右に見なが

紅葉期の高尾山山頂の人が少ない一瞬

ら行く道は傾斜もそれほどなく歩きやすい。

硯に使われることから硯石ともよばれる粘板岩の露出を過ぎると間もなく木製の大山橋で、ここを渡れば沢は、進行方向に向かって左側へと位置を変える。

ここまで来ると登りの行程の3分の2ほどを消化したことになり、山頂はもう遠くない。ただし、道は若干歩きづらくなり、急勾配の箇所や道幅の狭いところなどでは歩行に十分注意したい。

やがて稲荷山コースへと続く連絡路の木橋が現れ、連絡路を左に見送って直進すると、6号路名物、小沢のなかに続く飛び石群が見えてくる。慎重に行けばなんら問題のない場所だが、雨などで濡れている時はスリップに注意してほしい。

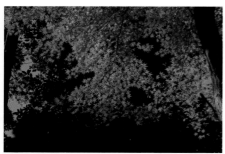
高尾山の秋はモミジに彩られる

耳よりコラム

高尾山の水行道場

高尾山には当コースで紹介した琵琶滝（大聖不動明王）と、高尾山北側の蛇滝（青龍大権現）という2カ所の水行道場がある。事前に申し込めば、僧侶の入瀧指導のもとで一般の人も滝の水を全身に受ける行が可能だ（有料）。行衣の貸し出しも行っている。問合せは高尾山薬王院（☎ 042-661-1115）まで。

6号路のシンボルともいえる琵琶滝

稲荷山コースを下る。穏やかな傾斜の道だ

　飛び石を終え、なだらかな道から急な木段を登り切れば広場状の❹5号路分岐で、6号路はここで終点となる。分岐からは、山頂下をぐるっと一周する5号路を左に行き、稲荷山コースと合流して山頂に向かうこともできるが、最後に短いながら強烈な木段が待っているので、ここは右へ5号路→1号路→山頂という楽なコースをとろう。

　5号路はほどなく、大きなトイレの立つ1号路とぶつかるので左へ。たくさんの人々が集う❺高尾山の山頂はすぐだ。山頂南西側にある展望台からは、丹沢山地の向こうに夏でなければ白い帽子

をかぶった富士山が頭をのぞかせている。

　さて、せっかくの山頂で昼ご飯といきたいところだが、日によってはお弁当を食べる場所を見つけるのも難しい。特にグループ登山の場合は、昼食場所をしっかりと考えておきたい。

　山頂からは、展望台のすぐ南側に下り口のある急な木段を行く。かなりの傾斜だが、ゆっくり着実に下ろう。下りきったところは5号路と稲荷山コースの交点で、ここはまっすぐ稲荷山コースへ。

　尾根道を歩くコースは最初、木段を下っていく。やがて少しの間、狭い登山道となるが、いつしか

稲荷山コース最下部の旭稲荷

琵琶滝から2号路、3号路へ

琵琶滝からは上部の2号路へと接続路が通じている。岩場の道もあって高尾山のなかでは険しい道だが、軽登山靴を履くなど足元がしっかりしていれば苦労することはないだろう。琵琶滝から15分ほど登れば2号路にぶつかるので、ここを右に行けば1号路（霞台付近）、左に行けば3号路、または1号路の浄心門だ。樹種の豊富な森の道・3号路から山頂に立ち、吊り橋のある4号路で下山するのがおすすめ。

道幅も広くなり、なだらかで歩きやすい尾根道となる。いったん下って軽く登り返したところが小広い山頂の❻稲荷山で、新設された展望デッキからは八王子市街や都心の眺めが広がる。なお、以前の稲荷山にはあずまやとトイレがあったが、現在はいずれもなくなっている。

尾根道はなおもなだらかに続き、小さな旭稲荷を過ぎればゴールは間近で、急な階段を下れば❷清滝駅横に飛び出す。みやげ物店などを見ながら歩けば❶高尾山口駅に到着する。

高尾山2

たか　お　さん

🥾 蛇滝口バス停→蛇滝→4号路→高尾山→いろはの森コース→日影バス停

いろはの森コースを下る。高尾山では空いている道の一つ

中級	総歩行時間 **3時間25分**
初級	総歩行距離 **5.6km**
入門	標高差　登り：370m　下り：392m

↑ 登山レベル　体力：★　技術：★

公共交通機関

行き：JR中央本線・京王高尾線高尾駅→京王バス（約10分）→蛇滝口バス停
帰り：日影バス停→京王バス（約15分）→高尾駅　※バスは、平日は1時間に1本、土日祝は同2～3本程度。

マイカー

圏央道高尾山ICから国道20号を経由して京王高尾線高尾山口駅まで約1.2km。あるいはJR中央本線・京王高尾線高尾

駅まで約3.2km。両駅の駅前にある駐車場（有料）を利用する。

ヒント

マイカーの場合、高尾駅からはバスか徒歩で行き、高尾山口駅からは徒歩で登山口まで行く。徒歩ならどちらも45分ほど。

問合せ先

八王子市観光課☎042-620-7378
高尾ビジターセンター☎042-664-7872
京王バス☎042-352-3713

❶ 蛇滝口バス停　0:30　❷ 蛇滝　0:25　❸ 2号路合流点　0:35　❹ いろはの森コース合流点　0:35　❺ 高尾山　0:25　❹ いろはの森コース合流点　0:40　❻ 日影沢キャンプ場　0:15　❼ 日影バス停

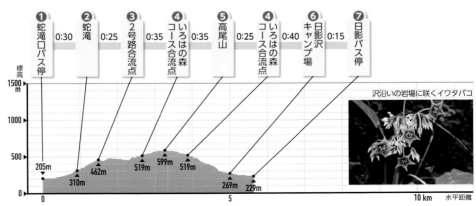

標高
1500m
1000
500
0

205m　310m　462m　519m　599m　519m　269m　229m

沢沿いの岩場に咲くイワタバコ

0　　　　　　　5　　　　　　10km　水平距離

欄外情報　逆コースを歩いても、体力的、時間的に差はない。ただ、帰りのバスの時間を気にしたくなかったら、途中まで逆コースを歩いて蛇滝には下らず、高尾山口駅に下るといい。

イワタバコやネコノメソウ咲く沢道から
歩く人の少ないいろはの森コースを下る

概要 世界一といわれる程の入山者数を誇る高尾山は、いつでも人が多い。紅葉の最盛期の山頂は立錐の余地もないほどだ。だが、そんな高尾山にも、魅力たっぷりなのに比較的空いているコースがある。高尾山の北斜面から登山道が延びる蛇滝コースといろはの森コースだ。どちらのコースも植生が豊富で、春から夏にかけては多くの花にも出合えるコースである。

コース ❶蛇滝口バス停から圏央道の高架下に向かって歩く。高架下には高尾梅の郷まちの広場があり、ここにはトイレもある。このすぐ先で左側に「蛇瀧水行道場入口」の標柱が立ち、ここを左に入る。

　川を渡って右側に老人ホームを見送ると道は傾斜を増す。千代田稲荷大明神を過ぎ、狭くなった舗装路をなおも登っていく。やがて三体のお地蔵さまが右手に現れ、横の石段を登れば❷蛇滝に到着する。厳かな雰囲気の漂う水行道場だが、滝には水行者以外は近づけないので、遠くから滝の上部を眺めたら歩を進めよう。この付近では、春なら赤い雌しべがかわいいネコノメソウや黄色いヨゴレネコノメ、夏なら沢岸の岩場に紫色のイワタバコが多く見られる。

　蛇滝のすぐ上にある福王稲荷大明神付近からは山腹を巻きながらゆるやかな登りが続く。3月頃

蛇滝の水行道場手前に鎮座するお地蔵さま

なら真っ赤なヤブツバキが咲く道をなおも登り続けると❸2号路合流点だ。左に行くと霞台付近の1号路に出てしまうので、ここは右に。いったん下ってから登り返した突き当たりが4号路だ。左に行けば1号路はすぐだが、右に曲がって静かな4号路を歩こう。

　高尾山の北斜面を行く4号路は、ところどころにイヌブナなどの大木が見られ、春にはキブシが花かんざしのような蕾をたくさん垂らしている。山腹をさらにゆるやかに登っていくと、高尾山で唯一の吊り橋、みやま橋が現れる。橋を渡って最

蛇滝に向けて傾斜の増した舗装路を行く

楽しさアップの自然観察

高尾山で発見されたタカオスミレ

タカオスミレやタカオヒゴタイをはじめ、高尾山で発見された植物は60数種に及ぶが、「スミレの山」といわれる高尾山でまず見たいのはタカオスミレ（写真）。ヒカゲスミレの変種であり、花期には葉が茶色くなるのが特徴だ。白っぽい花で、花びらに紫色の筋が入る。全国に分布しているが、高尾山で最も多く見られる。蛇滝コースやいろはの森コースでよく見られる花でもある。

高尾山で唯一の吊り橋、みやま橋

蛇滝の近くで見かけたかわいいハナネコノメ

後に短く急登すれば**④いろはの森コース合流点**だ。ここからは尾根筋のコースと山腹を行くコースに分かれるが、時間的にも体力的にも差はない。尾根筋の道は1号路にぶつかり、山腹の道は山頂下トイレのすぐ先（1号路と5号路の合流点）に出る。どちらかの道で山頂を目指そう。

　難なくたどり着いた**⑤高尾山**の広い頂は休日なら人でいっぱい。天気がよければまずは西端の展望台から富士山を眺め、それからゆっくりと休もう。もし食事スペースがないときは、西側のもみじ台方向に少し行けばいくぶんのスペースがある

楽しさアップの自然観察

いろは四十八文字の樹木観察

いろはの森では、いろは四十八文字を樹木名の頭文字に当てはめて紹介しているが、変則もある。たとえば、葉の中央に花が咲く珍しい木、ハナイカダ（写真）はどんな頭文字で紹介されているかご存じだろうか。答えは「ら」。三重県での呼び名である「らおぎ」からとったものだ。

2号路の途中から見た奥多摩の大岳山

たくさんの花を垂らしたキブシ（4号路）

かもしれない。

　休憩後は登りで通過した❹いろはの森コース合流点まで戻る。ここから道標に従って北へと下るのがいろはの森コースだ。歩く人は少なく、ついさっきまでの山頂の喧騒がうそのようだ。このコースは、いろは四十八文字が樹木名の頭に付くコース内の木々を案内板や万葉集の歌碑で紹介するユニークな道で、のんびり下りながら森歩きを楽しむにはぴったり。

　案内板や歌碑を読みながら下り、途中から急下降になると林道日影沢線に出る。林道を渡ってさらに急下降すると道はやがて沢を渡り、その先で林道日影線にぶつかる。突き当たりが❻日影沢キャンプ場で、予約すれば無料で利用できる。

　林道日影線を北へ歩く。未舗装の道はやがて橋を渡って県道（高尾駅からのバス路線）に出るので右に曲がる。5分ほど歩けば❼日影バス停に到着する。高尾駅行きのバスの夕方便は混雑するので、駅までのんびり歩いてもいい。高尾駅、高尾山口駅ともに1時間ほどだ。

王道の1号路から人気の展望ハイキングコースを行く

標高 **670** m

（小仏城山）

高尾山・小仏城山

🥾 高尾山駅→高尾山薬王院→高尾山→小仏城山→小仏峠→小仏バス停

北高尾山稜から見た小仏城山と富士山

中級	総歩行時間 **3時間20分**
初級	総歩行距離 **7.1** km
入門	標高差 登り：**198**m 下り：**382**m

登山レベル　体力：★
技術：★

公共交通機関

行き：京王高尾線高尾山口駅→（徒歩5分）→清滝駅→ケーブルカー（6分）→高尾山駅／帰り：小仏バス停→京王バス（約20分）→JR中央本線・京王高尾線高尾駅　※バスは、平日は1時間に1本、土日祝は同1〜3本程度。

マイカー

圏央道高尾山ICから国道20号を経由してJR中央本線・京王高尾線高尾駅まで約3.2km。駅前の駐車場（有料）を利用。

ヒント

マイカーの場合、高尾駅付近に駐車し、京王高尾線で高尾山口駅に移動する。

問合せ先

高尾山口観光案内所☎042-673-3461
高尾ビジターセンター☎042-664-7872
高尾登山電鉄☎042-661-4151
京王バス☎042-352-3713
高鉄交通（タクシー）☎0120-617-212

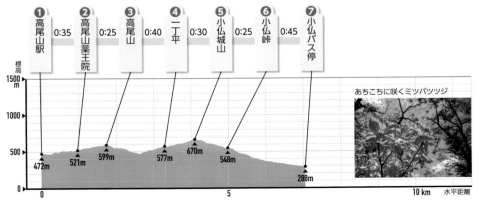

あちこちに咲くミツバツツジ

❶ 高尾山駅　0:35　❷ 高尾山薬王院　0:25　❸ 高尾山　0:40　❹ 一丁平　0:30　❺ 小仏城山　0:25　❻ 小仏峠　0:45　❼ 小仏バス停

標高
1500 m
1000
500

472m　521m　599m　577m　670m　548m　288m

0　　5　　10 km

水平距離

欄外情報 高尾山はダイヤモンド富士が見られる山としても知られる。時期は12月の冬至のころの1週間ほど。見頃の期間はケーブルカーが18時まで延長運転される（事前に要確認）。

ハイカーが集う高尾山から、ゆるやかな登下降で小仏城山を目指す縦走入門コース

概要 高尾山からは尾根通しに景信山や陣馬山、さらには生藤山、三頭山へと登山道が続くが、景信山のもっと手前に位置する小仏城山を越えて小仏峠、小仏バス停へと下る、高尾山起点の最短縦走コース。展望が広がるゆったりした尾根には春、山上の桜並木が形成され、小仏城山の広い山頂は花咲く公園のようだ。通過困難な箇所はなく、ビギナーも気持ちよく歩けることだろう。

コース 京王線高尾山口駅から右へと歩道を歩いてケーブルカー＆リフトの清滝駅へ。ここから、斜度31度と日本一の急勾配を誇るケーブルカーで一気に❶**高尾山駅**へと上がっていく。紅葉期の休日や大型連休などはケーブルカー（乗車時間6分）、リフト（乗車時間12分）とも待ち時間が1時間以上に及ぶほど大混雑するので、待ち時間もスケジュールに組んでおくといい。なお、ケーブルカー、リフトとも、切符の購入には交通系ICカードが使えるが、改札は切符がないと通過できないので注意したい。

改札を出たら案内に従って高尾山の山頂方面へと1号路を歩く。茶店や猿園、たこ杉を経て、3号路、4号路が分岐する浄心門をくぐると、少し先で道は2つに分かれる。左が108段の石段を登る男坂、右がゆるやかな女坂だ。好きなほうを選んで登れば、この先の茶屋で男坂と女坂は合流し、

1号路の浄心門。4号路、2号路がここで分岐する

杉並木を歩けば❷**高尾山薬王院**（たかおさんやくおういん）に到着する。このあたりはまだ観光客が主役のエリアで、いつも人がいっぱいだ。

境内を抜け、きれいに整備された道を上がっていく。やがて2階建てのトイレが現れ、あとは軽くひと登りで❸**高尾山**（たかおさん）の広々とした山頂に到着する。直進すれば右に、日本で初めて解説員が常駐した高尾ビジターセンター、正面に山頂展望台があり、晴れた日なら富士山や丹沢、道志などの山々を眺めることができる。

小仏城山へは山頂展望台手前の道を右に下っていく。このあたりにはテーブルやベンチがあるので、山頂が混雑しているときはこちらで休憩するのもおすすめだ。

ケーブルカー・リフトの出発点、清滝駅

サブコースチェック

景信山まで足を延ばす

もし体力と時間に余裕があるなら、小仏峠から北上して景信山に登るのもいい。景信山の山頂からは、歩いてきた小仏城山や高尾山が一望のもと。山頂には茶屋が立ち、小仏峠からとは異なる道を通って小仏バス停に下ることができる。小仏峠から景信山まで45分ほど、景信山から小仏バス停までも45分ほど見ておけばいいだろう。

小仏城山に向けて桜並木を歩くハイカーたち

下りきってもみじ台を過ぎると道はなだらかになり、ゆったりと広い尾根道を歩くようになる。何度かアップダウンをすると、茶店の立つ❹一丁平だ。展望デッキがあり、ベンチの数も多いのでゆっくり休憩したい。なお、高尾山の山頂から一丁平までは大垂水峠方面や林道日影線方面への道が錯綜する部分があるので、分岐では道標の確認をしっかりと。

山上とは思えない景観を見せる桜並木を抜けて休憩所を過ぎ、急な木段を下って登り返す。最後に木段の道を登りつめれば❺小仏城山の山頂に到着する。茶店が立つ山頂からは八王子など東京郊外の街並みが見渡せ、春や初夏はまさに花咲く山上公園。ここからもう登りはなく、お弁当を食べるにも最適なので、ゆっくり休憩といこう。

のんびり過ごしたら、茶店の裏に立つアンテナ塔の左を抜けて急坂を下る。いったんゆるやかになった道が再び急になれば、下りきったところが

雄大な眺めをほしいままにする一丁平の展望台

耳よりコラム

高尾山名物とろろそば

高尾山といえば「とろろそば」。現在、山麓と山上を合わせて20軒以上の店で食べることができる。そもそもは薬王院の参拝客のために滋養強壮効果のあるとろろをのせたといわれている。山歩きのついでに、山麓で一杯、山上で一杯と味比べをしてみるのもおもしろそうだ。

小仏城山の園地で休憩するハイカー

燃えるような紅葉と薬王院

❻**小仏峠**だ。

　石仏がたたずむ小仏峠からは右へと下っていく。一部に急坂のある道を行くと車止めが現れ、すぐ先は10台ほどが停められる駐車スペースになっている。

　ここからは舗装された車道となり、景信山の登山口を左に見送り、なおも下れば❼**小仏バス停**に到着する。以前は高尾山口駅行きのバスもあったが、2023年に廃止され、現在は高尾駅行きのみ。このバス停には、高尾山・小仏城山方面からと景信山・陣馬山方面からの登山者が集中するため、土・日曜、祝日を中心に非常に混雑する。事前にタクシーを予約しておくのもいいだろう。

立ち寄り湯

京王高尾山温泉 極楽湯

京王線高尾山口駅に隣接する天然温泉で、2種類（岩風呂・石張り）の露天風呂のほか、檜風呂や座り湯など多彩な風呂が揃う。レストランで食事もでき、登山後にくつろぐには最適だ。逆コースをとって高尾山口駅に下山すれば、ゆっくり温泉が楽しめる。
☎ 042-663-4126。入浴料1100円〜。8時〜22時45分（受付は〜22時）。無休。

標高は低いながら、充実感たっぷりの縦走コース

標高 **536** m
(大洞山)

南高尾山稜・草戸山

みなみ たか お さん りょう くさ と やま

大垂水バス停→大洞山→中沢山→泰光寺山→三沢峠→草戸山→高尾山口駅

西側が大きく開ける展望休憩所からの津久井湖

中級	総歩行時間 **4**時間**25**分
初級	総歩行距離 **8.9**km
入門	標高差 登り:**134**m 下り:**345**m
	登山レベル 体力:★★ 技術:★

公共交通機関

行き:JR中央本線相模湖駅→神奈川中央交通西バス(約15分)→大垂水バス停
帰り:京王高尾線高尾山口駅　※往路のバスは8時台に1本。高尾山口駅からも10時台に1本。

マイカー

圏央道高尾山ICから国道20号を経由して高尾山口駅付近の駐車場まで約1.2km。登山口に駐車場はないので、高尾山口駅前か高尾山薬王院祈祷殿の駐車場を利用。いずれも有料。

ヒント

バス便が少なく、高尾山口駅からのタクシー利用が現実的。予約した方がいい。

問合せ先

八王子市観光課☎042-620-7378
神奈川中央交通西・津久井営業所☎042-784-0661
高鉄交通(タクシー)☎0120-617-212
八王子交通(タクシー)☎042-623-5111

❶ 大垂水バス停　0:35
❷ 大洞山　0:45
❸ 中沢山　1:00
❹ 泰光寺山　0:20
❺ 三沢峠　0:35
❻ 草戸山　1:10
❼ 高尾山口駅

小さく可憐なチゴユリ

標高
1500m
1000
500

402m　536m　494m　475m　403m　364m　191m

0　5　10 km　水平距離

欄外情報 紹介したコースは歩行時間がやや長いため、紅葉シーズンなど日没が早い時期は時間切れの不安がある。タクシーを活用して早い時間から登るようにしてほしい。

30前後のピークを越えるロングコース
やや疲れるが、それ以上の達成感

概要 多くのハイカーで混雑する高尾山の間近にありながら、休日でものんびりと山歩きを楽しめるのが、ここ南高尾山稜だ。越えなければならないピークの数が多く、コース長に比して疲労度は高いが、ところどころ開けた場所からの富士山や津久井湖、高尾山の眺めは疲れを忘れさせる。コース途中からのエスケープルートも何本かあり、疲労が激しいときも大きな不安はない。

コース ❶**大垂水バス停**で下車したら、大垂水峠の頂点にかかる大垂水峠橋（歩道橋）にいったん上がり、橋を渡って登山道に入る。橋を渡らずに登山道に入ってしまうと高尾山方面に向かってしまうので気をつけよう。

最初は山腹を巻くように登るが、道はやがて尾根道となり、ゆるやかに登っていけば広々とした頂の❷**大洞山**に到着する。この大洞山の北面は12月下旬頃を中心に、"氷の花"（シモバシラ）が多く見られる。

頂上から尾根道を進めばすぐに金比羅山。テーブルの横には手作りのザック掛けがあり、休日には色とりどりのザックが並ぶ。雨の後や雨天時にはザックが汚れずにたいへん助かる。

ここからひとつピークを越えると中沢峠で、分岐を左に下れば、国道20号経由で高尾山口駅に戻れる。この先、国道20号に下ることのできる

大洞山山頂。ひと休みにちょうどいい

道は数本あるので、体調次第では積極的に使うといい。車道歩きが長いが、いずれも1時間20分ほどで高尾山口駅に行くことができる。

中沢峠から南へと尾根を登り返せば、観音像が立つ❸**中沢山**。この先もアップダウンが続くが、たいていのピークには巻き道がついているので、疲れたらそちらに行けばいい。やがて展望休憩所で、眼下には津久井湖、目を上げれば富士山が頭をのぞかせている。ここにもザック掛けがある。

しばらく尾根沿いの斜面を進み、龍を模して彫られたベンチを過ぎれば西山峠。ここからも高尾山口駅に下れる。峠から急坂を登り返すと❹**泰光寺山**で、山頂から少し下ったところに、南高尾山稜名物・フクロウの彫刻がある。下った先の広い

大垂水峠からはいったん歩道橋を渡る

楽しさアップの自然観察

氷の花（華）・シモバシラ

秋の野山に咲くシモバシラは冬に枯れるが、もう一度、真冬に白い花を咲かせる。それが「氷の花」。葉を枯らしたシモバシラの根は冬もまだ活動を続け、吸い上げた水分が茎の周囲で白く凍る現象だ。12〜1月、関東から九州の郊外や低山で見られるが、高尾山周辺は多く観察できる場所として知られている。

南高尾山稜・草戸山

草戸山の展望台。相模湾まで望むことができる

草戸山の手前の急傾斜の下り

鞍部が❺三沢峠だ。

　峠は北に高尾山口、南に津久井湖への道が通じる十字路になっている。ここからゆるやかに登り、鉄塔のあるピークから左に折れる。いったん下って、城山湖方面が望める"ふれあい休憩所"へ。ここから急な下りを経て登り返せば石鳥居と小さな祠の立つ❻草戸山（松見休憩所）だ。山頂の展望台からは遠く相模湾が望める。

　草戸山からはやせた尾根や滑りやすく急な斜面の通過が増える。何より、高尾山口駅への分岐がある四辻まで20前後のピークを越えなければならない。ここまで距離的には3分の2ほど過ぎてはいるが、気を引き締めていこう。

　頂上からいったん下って登り返したところが高尾山の全容を望める草戸峠で、大戸への道が右に分岐する。このすぐ下で今度は梅の木平への道を左に分ける。疲れているときや、この先のピーク越えに自信がないときは、ここから高尾山口駅に向かおう。

　梅の木平への分岐を過ぎると、登山道の右側にフェンスが現れる。しばらくフェンス沿いに登下降し、そのあとも次々と立ちはだかるピークをぐ

草戸山手前のふれあい休憩所から見た城山湖

いぐい乗り越えていく。疲労はだんだんと蓄積されていくが、周囲の樹林の美しさは救いだ。春の尾根筋はヤマツツジに彩られる。

　もうピークを見るのが嫌になったころ、四辻とよばれる十字路に出る。小広い平坦地では、右に初沢への、正面にJR高尾駅への、そして左に高尾山口駅への道が分岐する。左へと山腹を下り、民家の脇を抜けて舗装路に出たら左。国道20号の信号をまっすぐ行けば表参道商店街、右に行けば**⑦高尾山口駅**だ。

サブコースチェック

高尾山からの周回コースも人気

南高尾山稜の派生コースの一つとして、高尾山口駅を起点に、高尾山1号路から周回する人も多い。全行程で7時間前後かかるロングコースになるが、このコースを地図上でつなげるとハートの形になるとして密かな人気を呼んでいる。一方、ロングコースはちょっと自信がないという人には高尾山口駅からの草戸山往復もおすすめ。山頂まで20分前後の小ピークを越えるため、おもしろさも歩きがいも十分ある。

南高尾山稜・草戸山

1:50,000
0　　500　　1000m
1cm=500m
等高線は20mごと

岩のかけらだけが残る天守跡に昔日への思いをはせる

標高 **550** m

（富士見台）

八王子城跡
（はち おう じ じょう せき）

🥾 霊園前・八王子城跡入口バス停→八王子城跡管理棟→本丸跡→富士見台→荒井→高尾駅

富士見台から見た富士山と小仏城山（左）

中級	総歩行時間 **3時間35分**
初級	総歩行距離 **8.4** km
入門	標高差 登り：**359**m 下り：**380**m

登山レベル 体力：★ 技術：★

公共交通機関
行き：JR中央本線・京王高尾線高尾駅→西東京バス（5分）→霊園前・八王子城跡入口バス停／帰り：高尾駅 ※土日祝は八王子城跡行きバスも出ている。

マイカー
圏央道八王子西ICから県道61号などを経由して八王子城跡駐車場まで約5km。圏央道高尾山ICからは約6km。中央自動車道八王子ICからは約10km。駐車場の

利用時間は9〜17時。無料。

ヒント
マイカー利用の場合は、富士見台までの往復登山になる。マイカー利用で全コースを歩きたい場合は、高尾駅周辺に駐車し、バスを利用する。

問合せ先
八王子市観光課☎042-620-7378
八王子市文化財課☎042-620-7265
西東京バス恩方営業所☎042-650-6660

❶ 霊園前・八王子城跡入口バス停
0:25
❷ 八王子城跡管理棟
0:40
❸ 本丸跡
0:50
❹ 富士見台
0:30
❺ 荒井・駒木野分岐
0:35
❻ 荒井バス停
0:35
❼ 高尾駅

コース沿いに置かれた合目石

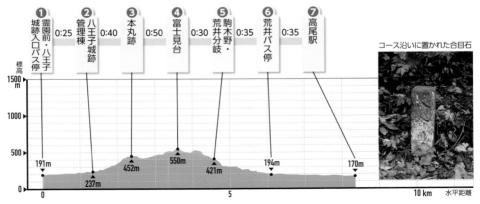

標高
1500 m
1000
500

191m
237m
452m
550m
421m
194m
170m

0　　　　　　5　　　　　　10 km
水平距離

欄外情報 駒木野・荒井分岐から荒井バス停方面に下らず、駒木野へ下りてもいい。一部に急な斜面もあるが、総じて歩きやすい道だ。分岐から40〜50分で、小仏関跡にほど近い駒木野バス停付近に出られる。

険しい地形につくられた山城跡
短くも急な登下降はスリップ注意

春には椿が咲く金子曲輪付近の道

概要 圏央道と中央自動車道をつなげる八王子城跡トンネルがその真下を貫く山城跡のコース。地元では城山ともよばれる八王子城跡は広葉樹林が多く、新緑や紅葉の時期には美しい様相を見せる。城の形こそすでにないものの、「日本100名城」にも選定され、歴史ウォークの場としての価値も高い。険しい山城跡だけに、急な登下降では足元に注意して歩こう。

コース 中央自動車道のガード下につくられた**❶霊園前・八王子城跡入口バス停**から進行方向に進み、左方向へと斜めに延びる舗装路に入る。のどかな田園地帯を歩き、北条氏照の墓入口を過ぎればほどなく、八王子城跡ガイダンス施設が右手に見えてくる。時間に余裕があれば入館し（コラム参照）、城跡の全体像を把握しておくといい。ここにはトイレもある。ガイダンス施設の先にある駐車場を過ぎれば**❷八王子城跡管理棟**だ。

管理棟の右側から登山道に入る。すぐに新道と旧道の分岐となり、ここは左に新道を行く。鳥居

をくぐってしばらく登れば、3月中旬〜下旬にかけて赤い椿が咲く金子曲輪（くるわ・城の駐屯施設）だ。この下には梅園もあり、小道もつけられている。

この先で旧道が右から合流する柵門台を過ぎればあずまやが立つ平坦地で、杉の大木の間を抜けて石段を上がったところが八王子神社や展望所（松木曲輪）のある山頂部だ。古いモミジの木が立つ展望所からは都心方面の大きな眺めが広がる。この八王子神社などの後方にある**❸本丸跡**は、

杉の大木の間を抜ければ間もなく本丸跡

ちょっと寄り道

八王子城跡ガイダンス施設

八王子城の歴史などの展示解説スペースのほか、休憩・レクチャースペースがある。入山前に立ち寄れば、山歩きがより充実したものになりそう。入館無料。9〜17時。無休。また、八王子城跡管理棟ではオフィシャルガイドが無料ガイドを行っている。メインコースは管理棟から10分ほどの御主殿跡周辺で、個人・団体とも予約が必要。所要時間は45〜90分。9〜15時。問合せ・申込みは、八王子市文化財課（☎042-620-7265）まで。

小さな石碑と岩だけが残る天守閣跡

コース途中から眺めたすぐ隣の高尾山

いにしえの八王子城の中心だった場所だが、現在は祠と石碑が立つのみ。本丸跡へは短いとはいえ滑りやすい道なので、往復する場合、特に雨の後は気をつけたい。

続いて、道標に従って富士見台へと向かう。トイレの横を通過し、ポンプのついた井戸（飲用不可）を見送ると急な下りが始まる。長い距離ではないが、山慣れない人は緊張する下りだ。やがて馬冷やしの鞍部で、ここから詰城（天守閣跡）へと急坂を登り返す。

たどり着いた詰城は小さな石碑が残るのみで、言われなければ戦国時代の要衝とわかる人はいないだろう。手で抱えられるほどの岩だけがごろごろする場所に思いをはせる。

この先、富士見台へも急な登下降が続き、汗を絞られる。最後の急登を終えて出合った稜線が北高尾山稜で、右は関場峠や堂所山、明王峠を経て陣馬山への道（コラム参照）、左に行けばすぐに、木製テーブルのある④**富士見台**。晴れた日なら西側の樹間から富士山や影信山、小仏城山が望める、絶好の休憩地だ。

眺めを楽しんだら南へと下る。小下沢への道を右に分け、鞍部から登り返して熊笹山とよばれる細長いピークを越える。急な下りを終えてゆるやかになったあたりで道は東へと向きを変え、途中、八王子城跡管理棟への道を左に分ければ、軽く登り返した先のピークが、正面が駒木野、右が荒井へと続く⑤**駒木野・荒井分岐**だ。

サブコースチェック

北高尾山稜の縦走

富士見台の少し手前の分岐から尾根を北に歩くのが北高尾山稜。堂所山や陣馬山へと続く長い尾根はアップダウンが連続し、手ごたえのあるコースといえるが、その分、登山者は少なく、静かな山歩きが満喫できる。分岐から高ドッケ、狐塚峠、杉ノ丸（612m）を経て夕やけ小やけ分岐から、高尾駅行きのバス便がある夕焼小焼バス停まで2時間30分〜3時間。少し山に慣れた初級者向き。

山道を終え、高速道路の下を歩く

分岐からは右に道をとり、一気に下る。ほどなく、高尾山や中央自動車道、圏央道を望む狭い舗装路に出るので、ここは左。道なりに進み、中央自動車道とJR中央本線のトンネルをくぐった先の丁字路を左折すればすぐに❻**荒井バス停**だが、バス通りを右（小仏方面）に少し歩き、梅郷橋を渡って南浅川沿いの歩道を行くのがおすすめだ。気持ちのよい歩道は国道20号まで続き、国道を左折してJR中央本線のガードをくぐった先で右手の細い道に入る。住宅地のなかの静かな道が❼**高尾駅**へと続いている。

南浅川沿いの歩道に咲く梅

青梅↑

あきる野

八王子城跡トンネル

圏央道

滝沢

新宿

雑木林の中、アップダウンを繰り返す

なかなかの急坂

八王子城跡管理棟

八王子霊園

東京霊園

南多摩霊園

中央自動車道

バス停は高速道路の真下にある

八王子城跡ガイダンス施設

宗閑寺卍

城山川

0:25

❶ **霊園前・八王子城跡入口バス停**

本丸跡 ❸

八王子神社

446

金子曲輪

0:30
0:40

❷ P 八王子城跡

御主殿跡

御主殿の滝

土日祝のみ

霞ヶ丘団地

武蔵野陵

天守閣跡

展望所

多摩陵

杉沢の頭
548

八王子城跡

多摩森林科学園

550

❹ **富士見台**

紹介コースと変わらない時間で高尾駅に戻れる

線路をくぐってすぐ右折する

高尾駅
❼

八王子

西側に富士山の眺望が開ける
熊笹山

0:50
0:40

0:30
0:45

❺ **駒木野・荒井分岐**
421

八王子JCT

0:50
0:35

駒木野

中央本線

20

P

P

府中

急な下り、スリップ注意

南浅川

駒木野

小仏関跡

0:35

京王高尾線

管理棟方向に下る道は荒れていることがあるので歩行に注意

❻ **荒井バス停**

梅郷橋を渡る

橋を渡る

梅林

N

1:29,000

0 250 500m

高尾山口駅

相模原

高尾山口駅

P 高尾山IC

1cm=290m
等高線は20mごと

展望の尾根歩き。春の花、秋の紅葉と楽しみいっぱい

標高 **855** m

(陣馬山)

景信山・陣馬山

かげ のぶ やま・じん ば さん

小仏バス停→景信山→堂所山→明王峠→陣馬山→陣馬高原下バス停

広々とした陣馬山山頂。向こうの山は生藤山

中級	総歩行時間 **4時間**
初級	総歩行距離 **11.1** km
入門	標高差 登り:**567**m 下り:**530**m

登山レベル 体力:★★ 技術:★

公共交通機関

行き：JR中央本線・京王高尾線高尾駅→京王バス（約20分）→小仏バス停

帰り：陣馬高原下バス停→西東京バス（約40分）→高尾駅

マイカー

中央自動車道相模湖ICから国道20号、都道522号などを経由して陣馬山北側の和田峠駐車場（有料）まで約12km。

ヒント

小仏行きの平日のバス便は少ないうえに混雑もするので、タクシーの利用も考えたい。マイカー利用で全コースを歩く場合は、高尾駅付近の有料駐車場を利用する。

問合せ先

八王子市観光課☎042-620-7378
京王バス☎042-352-3713
西東京バス恩方営業所☎042-650-6660
高鉄交通（タクシー）☎0120-617-212
八王子交通（タクシー）☎042-623-5111

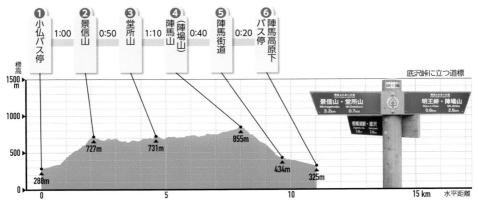

❶小仏バス停 1:00 ❷景信山 0:50 ❸堂所山 1:10 ❹陣馬山（陣場山）0:40 ❺陣馬街道バス停 0:20 ❻陣馬高原下

底沢峠に立つ道標

標高
1500m
1000
500

288m
727m
731m
855m
434m
325m

0
5
10
15 km 水平距離

景信山・堂所山 Mt.Kagenobu Mt.Dodokoro 3.2km 0.7km
有程湖駅・底沢 Sagamiko Sta. Sokozawa 2.6km 2.8km
明王峠・陣場山 Myo-o Pass Mt.Jinba 0.6km 2.5km

欄外情報 陣馬山への最短登路の登山口が山頂北側に位置する和田峠。登り30分、下り20分ほどで大展望が楽しめる。登山道は木段がきれいに整備され、歩きやすい。和田峠に有料駐車場あり。

2山をゆるやかにつなげる尾根コース
陣馬山の下りだけはスリップ注意

概要 高尾山に負けず劣らず人気が高いコース。景信山への登りと陣馬山からの下りの一部に急な登下降があるが、稜線に上がってしまえば穏やかで広い登山道をのんびり歩くことができる。両山の山頂には茶屋があり、山頂からの展望もすばらしい。天気が安定していれば、技術的には苦労することのないコースなので、桜が咲く春や展望のきく秋～初冬に歩きたい。

コース 高尾駅北口からバスに乗って小仏へ。季節によっては平日でも臨時バスが出るほどの混雑ぶりだが、あまりに混雑しているときはタクシーを利用するのが賢明だ。

到着した❶小仏バス停でトイレ、準備体操などを済ませたら出発しよう。しばらく車道をたどり、大きなヘアピンカーブを2つ過ぎるとすぐ右手に景信山登山口が現れる。あまり目立たない登山口なので、見過ごさないようにしたい。

登山道に入るとなかなかの急斜面で、はじめは植林帯を登っていく。ひと汗かいて植林帯を抜けると、周囲はコナラなどの自然林へと変わる。4月頃なら芽吹きはじめた新緑がきれいだ。

しばらく登りを頑張ると、小下沢からの道が合流する。このあたりはヤマザクラが多く、足元にはたくさんの花びらが散っている。ここまで来ると景信山へはあと少しで、左に公衆トイレが見え

景信山付近。ヤマザクラ咲く道を行く

てくれば山頂は近い。

たどり着いた❷景信山の山頂には2軒の茶屋が立ち、多くのテーブルやベンチが並ぶさまは壮観だ。天気のいい休日はこれらがいっぱいになる。南には小仏城山から高尾へとつながる稜線が一望のもとだ。

景信山からは全体をとおしてなだらかな尾根歩きとなる。ところどころで広がる展望を楽しみながら小さなアップダウンを繰り返す。春ならヤマザクラをはじめ、各種のスミレやヒトリシズカ、ミミガタテンナンショウなどが咲き、花好きは歩がはかどらない。

一部で巻き道を通りながら白沢峠を越えていくと、堂所山手前の巻き道分岐となる。かなりの急

絶好の休憩ポイント、明王峠

立ち寄りスポット

景信山・陣馬山の山頂茶店

景信山では「景信茶屋 青木」と「三角点かげ信小屋」、陣馬山では「清水茶屋」と「信玄茶屋」が営業している（陣馬山のもう1軒の茶屋は休業中）。そばやキノコ汁、天ぷらなどが人気で、休日は登山者でいっぱいになる。ただ、平日は不定休の店もあるので、昼食は念のため準備しておこう。

サクラ咲く道から陣馬山山頂を目指すハイカー

登をこなすと❸**堂所山**の山頂で、立派な山頂標が
立っている。疲れている人は巻き道を行くといい。
すぐにコースと合流する。

　堂所山からなおも尾根道を進むと、ほどなく底
沢峠で、ここからは南に相模湖側の底沢バス停へ
の、北に陣馬高原下バス停への道がそれぞれ下っ
ている。底沢峠から気持ちのよい尾根を歩くとじ
きに明王峠で、トイレと茶店（休業中）がある。
富士山も望める峠でひと休みといこう。陣馬山ま
ではもうひと息だ。

　ゆるやかなピークを越えると、陣馬の湯を経て
陣馬登山口バス停に下る道が南に分岐する奈良子
峠で、陣馬山に向けて広葉樹の明るい尾根道を行
く。途中で和田峠や陣馬高原下への巻き道が分岐
し、その先で、陣馬登山口バス停へと下る栃谷尾
根を分ければ白馬像の立つ❹**陣馬山**だ。

　3軒の茶店（1軒は休業中）がある山頂からは
奥多摩や道志などの大きな眺めが広がり、空気の

陣馬山名物、山頂の白馬像

楽しさアップの自然観察

景信山・陣馬山の花々

景信山から陣馬山へと続く尾根筋の春は、数多
くの花に彩られる。スミレ類やチゴユリ、イカ
リソウ、シュンラン、ヒトリシズカ、ジュウニ
ヒトエ（写真）、ニリンソウ、シロバナエンレ
イソウなどが新緑の木々
の下に顔をのぞかせる。
春の山行には、ポケット
図鑑が欠かせない。

陣馬山山頂には3軒の茶店がある

陣馬街道に向けてツツジ咲く道を下る

澄んだ日なら筑波山や富士山も望める。

　パノラマを楽しんだら、道標に従って西方向へと陣馬高原下バス停を目指す。下り始めてほどなくの和田峠分岐あたりでは春、ミツバツツジやニリンソウの群落が見事だ。

　やがて道は植林帯を下るようになる。このあたりは杉などの根が張りだした急坂で、雨が降っていなくても滑るため、スリップとつまづきには十分注意したい。沢筋になると傾斜もゆるみ、やがて❺陣馬街道（じんばかいどう）にぶつかる。ここからは車に注意しながらの車道歩きとなる。20分ほど歩けば❻陣馬高原下バス停（じんばこうげんしたバスてい）だ。高尾駅行きのバスは1時間に1本ほど。

サブコースチェック

高尾山から陣馬山への大縦走

景信山〜陣馬山は縦走ビギナーにもってこいのコースだが、長時間の歩行に慣れてきたら、高尾山〜陣馬山の大縦走チャレンジはどうだろう。歩行時間だけで7時間前後の長丁場になるが、達成感は大きい。ただし、朝早いスタートは必須で、体調次第では時間切れの恐れもある。エスケープルートの選定はしっかりと。

美しい里から桜の尾根を登って神奈川最北端の頂へ

標高 **1019** m
（茅丸）

生藤山
しょう とう さん

鎌沢入口バス停→佐野川峠→三国山→生藤山→連行峰→醍醐丸・和田分岐→和田バス停

どっしりした山容が印象的な生藤山。陣馬山から

中級	総歩行時間 **4時間**
初級	総歩行距離 **9.1** km
入門	標高差 登り：**859**m 下り：**829**m

登山レベル 体力：★★ 技術：★

公共交通機関
行き：JR中央本線藤野駅→神奈川中央交通西バス（約15分）→鎌沢入口バス停
帰り：和田バス停→神奈川中央交通西バス（約15分）→藤野駅 ※バスは平日の午前中に2本、土日祝は3本程度なので、タクシーの利用も考えたい。

マイカー
中央自動車道相模湖ICから国道20号、県道522号などを経由して県営鎌沢駐車場（無料）まで約10km。10台分と小規模なので、桜や紅葉期はバス、タクシーの利用がおすすめ。

ヒント
下山後の和田バス停から県営鎌沢駐車場までは歩いて20～30分みておこう。

問合せ先
相模原市緑区地域振興課☎042-775-8801
神奈川中央交通西・津久井営業所☎042-784-0661
藤野交通（タクシー）☎042-687-3121

❶ 鎌沢入口バス停　0:40
❷ 鎌沢休憩所　0:30
❸ 佐野川峠　0:40
❹ 三国山　0:10
❺ 生藤山　0:30
❻ 連行峰　0:30
❼ 醍醐丸・和田分岐（山の神）　1:00
❽ 和田バス停

山頂に立つ山名表示板

藤野町十五名山
生藤山
標高990.3m

標高
1500 m
1000
500
0

990m
962m
1016m
764m
550m
809m
321m
348m

0　　　　5　　　　10 km
水平距離

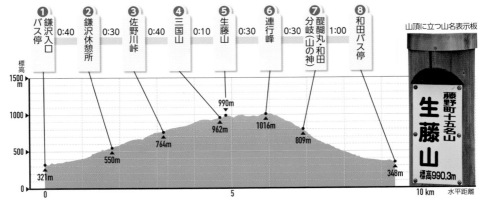

欄外情報 登山口周辺に位置する相模原市緑区佐野川地区の茶畑と土蔵は「にほんの里100選」（選＝森林文化協会など）に選ばれている。この里歩きも生藤山登山の楽しみの一つだ。

桜のプロムナードから三県境の展望所へ
山頂からは変化に富んだ尾根道を下る

概要 神奈川県と東京都の境に位置する、神奈川県最北の山。すぐ隣のピーク、三国山はさらに山梨県にも接する三国境となる。この三国山から南側に延びる尾根の下部は「桜のプロムナード」として知られ、桜の時期にあたる4月上旬〜中旬は登山者が列をつくる。アプローチで歩く、山麓の佐野川地区は「にほんの里100選」に選ばれた里風景が広がり、コース中の穏やかな雑木林の尾根ともども、歩くのが楽しい。

コース ❶鎌沢入口バス停で下車し、進行方向すぐ先の分岐を左に下る。和田川を渡って舗装路をゆるやかに登り返していく。鎌沢集落を歩き、県営鎌沢駐車場を過ぎると車道は狭くなる。ところどころに急な坂も出てくるが、準備運動と思ってあせらずゆっくり歩こう。

駐車場の少し先で左に方向を変えると熊野神社が現れる。段々の茶畑や、春ならサクラをはじめたくさんの花々を眺めながら歩けば、やがて最上部の集落、豊里。ここには❷鎌沢休憩所がある。コース中で唯一のトイレとあずまやが立つので、休憩と水分補給をしておくといい。

民家の脇を抜け、すぐ先の登山口から山道に入る。ゆるやかな傾斜の道を登っていくとほどなく分岐が現れる。三国山方面の道標に従い、雑木林の尾根を登っていく。いったん山腹の植林帯を歩

佐野川峠西麓の田園風景

いて再び尾根になれば、「生藤山 桜のプロムナード」の案内板が見えてくる。春なら桜並木を眺められる場所だが、近年は桜の病気のために以前ほどの華やかさはなくなってしまった。だが、藤野観光協会などでは復活のための対策を講じているそうで、今後また、花いっぱいの並木を見ることができるだろう。

プロムナードのすぐ先には鳥居が立ち、この鳥居をくぐって尾根道を登っていくと❸佐野川峠に出る。ここでは西麓の石楯尾神社から登ってくる道が合流する。

なおも尾根づたいに登っていくと、富士山をはじめ展望の開ける甘草水入口（甘草水広場）だ。甘草水は日本武尊ゆかりの水場といわれ、東国遠

登山道に咲くサクラの向こうに陣馬山

サブコースチェック

陣馬山まで足を延ばす

生藤山の隣の山、陣馬山まで足を延ばす登山者も多い。醍醐丸・和田分岐から陣馬山までは1時間45分ほどかかるが、バス利用の人は高尾駅行きの陣馬高原下バス停に下ることができる（山頂から約1時間）。マイカーの人は和田に下ってから鎌沢駐車場に戻ることになる。駐車場までは山頂から1時間30分ほど。

集落で見かけたハナモモ

コースからはしばしば大きな展望が広がる

征の際に鉾で岩を打ったら水が湧き出したという
伝説が残る。この甘草水は入口から右に100m
ほどの場所にいまもあるが、水はほぼ涸れていて、
飲用にも適さない水である。

　甘草水入口から三国山まではそう遠くない。ほ
どなく、西麓の軍刀利神社からの道が合流し、や
や傾斜のきつくなった尾根筋をたどれば❹三国山
の山頂だ。神奈川県、東京都、山梨県の境になっ
ていて、富士山や奥多摩、奥秩父、丹沢などの眺
めが広がる。

　三国山からは東方向にいったん下り、ちょっと
した岩の道を登り返せば❺生藤山に到着する。大
きな展望はないが、春にはミツバツツジがピンク
の花を咲かせている。

　生藤山からは東方向～南東方向に延びる尾根を
行く。雑木林に囲まれ、岩場も多少あるが総じて
歩きやすい道だ。途中の小ピークには巻き道も付
いているが、本コース最高点の茅丸にはぜひ登っ
ておこう。

　尾根上の道はやがて❻連行峰に達し、ここから
は北に、東京都檜原村の柏木野バス停への道が分
岐する（約1時間45分。武蔵五日市駅行きのバ

樹木に囲まれた三国山山頂

藤野観光案内所 ふじのね

JR中央本線藤野駅に隣接する、藤野観光協会の観光案内所。地域の古民家の廃材などを内装に活用し、観光パンフレットやハイキングマップなどを配布するほか、地元産ユズを使った特産品や雑貨などの販売、地元で活動する芸術家の作品の展示販売などを行っている。登山に出かける前に立ち寄って情報収集するのもいい。下山後のおみやげ探しにもおすすめ。☎042-687-5581。8時30分〜17時。無休。

スが運行している）。連行峰から起伏の少ない尾根を下ると急斜面の下りが現れ、ここを越えて小さなアップダウンを繰り返せば**❼醍醐丸・和田分岐**（山の神）に到着する。

分岐からは尾根通しに醍醐丸、和田峠を経て陣馬山を目指す登山者も多いが、本コースはここから南に和田へと下る。しばらくは植林帯の急斜面を下り、人家の屋根が見えたら小沢沿いの道を行く。やがて道は県道にぶつかり、山里を歩けば**❽和田バス停**が見えてくる。

巨岩・奇岩に山上の展望。魅力いっぱいの山歩き

標高 **702** m

石老山
せき ろう ざん

石老山入口バス停→顕鏡寺→石老山→大明神展望台→プレジャーフォレスト前バス停

巨岩がしばしば現れる岩の道を登っていく

中級	総歩行時間**3時間20分**
初級	総歩行距離**6.7**km
入門	標高差 登り:**497**m 下り:**478**m

登山レベル 体力:★ 技術:★★

公共交通機関

行き:JR中央本線相模湖駅→神奈川中央交通西バス(約10分)→石老山入口バス停/帰り:プレジャーフォレスト前バス停→神奈川中央交通西バス(約10分)→相模湖駅

マイカー

中央自動車道相模湖ICから国道20号などを経由して石老山登山口まで約5km。登山口に立つ相模湖病院の駐車場に5〜

6台分、登山者用の駐車スペースがある(無料)。

ヒント

JR相模線・横浜線橋本駅からバスでアクセスする場合は三ヶ木での乗り換えが必要で、総所要時間は1時間前後。

問合せ先

相模原市観光・シティプロモーション課☎042-769-8236
相模湖観光協会☎042-684-2633
神奈川中央交通西津久井営業所☎042-784-0661

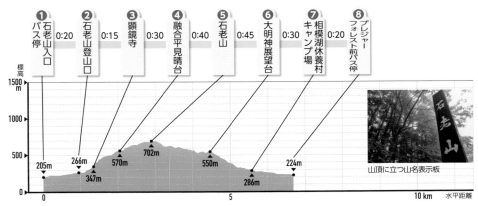

① 石老山入口バス停 205m
0:20
② 石老山登山口 266m / 347m
0:15
③ 顕鏡寺 570m
0:30
④ 融合平見晴台
0:40
⑤ 石老山 702m
0:45
⑥ 大明神展望台 550m
0:30
⑦ 相模湖休養村キャンプ場 286m
0:20
⑧ プレジャーフォレスト前バス停 224m

標高 1500m 1000 500

0　　　　　5　　　　　10 km　水平距離

山頂に立つ山名表示板

欄外情報 マイカーを利用する場合、登山口に停めると下山後に登山口まで登り返さなければならないので、相模湖駅周辺や相模湖畔の有料駐車場に停めてバスを利用するといい。

奇岩が連なる歴史の道を歩き
展望台から南アルプスや丹沢を眺める

概要 相模湖八景、関東百名山にも選ばれ、奇岩・巨岩の連なった登山道をはじめ、広葉樹に包まれた尾根道、山上展望台からの大展望と、変化に富んだ山歩きが楽しめる。中腹には、源海法師が851年に開いたといわれる顕鏡寺があり、修行の山であったことをうかがわせる。なお、ここで紹介したコースは、2019年の台風で通行止めとなり、その後復旧しているが、登山道にはまだ影響の残っている箇所もあるので、歩行には十分注意してほしい。

コース ❶石老山入口バス停から橋を渡り、よく手入れされた公衆トイレの横を通って車道をゆるやかに登る。道はほどなく分岐となるので、道標に従って右へ。橋を渡って川沿いを歩けば、相模湖病院のある❷石老山登山口だ。

病院の前からフェンスに沿って歩き、登山道に入る。いったん下って石畳の道を登り返すが、湿っていると苔など滑りやすいので気を付けて歩きたい。道はほどなく滝不動に至る。参詣者が滝の落水で身を清めた場所といわれるが、今は雨後でもない限り落水はない。

この先、屏風岩、仁王岩、駒立岩などの奇岩・巨岩を横目にしつつ登っていく。やがて車道にぶつかったところが❸顕鏡寺で、樹高42mといわれる大イチョウや道志法師・源海法師が住居とし

参詣者が身を清めたといわれる滝不動

た道志岩窟などで知られる古刹だ。

顕鏡寺の朱塗りの鳥居から再び登山道に入ると、蓮華岩・大天狗岩を過ぎた先で道は二分する。右は桜道展望台を経由する桜道ルートで、左は八方岩経由で山頂へと向かうコース。ここは左に行く。石老山最大の巨岩といわれる擁護岩、弁慶がこぶしで開けた穴があるといわれる試岩などを過ぎると南方向の展望が開ける八方岩で、これが最後の奇岩だ。この先で桜道ルートが合流すれば❹融合平見晴台はすぐだ。

テーブルやベンチが置かれ、相模湖や奥高尾が木々の間から顔をのぞかせる融合平はひと休みにもってこい。ここからは一転して穏やかな樹林の道となり、山頂手前のピークを下って登り返せば、

新緑の山肌が美しい八方岩からの眺め

耳よりコラム

渡し船で相模湖を渡る

下山後、相模湖畔にある「みの石滝キャンプ場」の渡船で相模湖駅方面に帰る手もある。約10分で相模湖北岸に渡れ、桟橋から駅までは徒歩10分ほど。プレジャーフォレスト前バス停に下る途中に案内板あり。湖畔まで下ったらドラム缶を叩いて船を呼ぶ。☎042-685-0330。渡船料1人700円〜（利用人数による）。

擁護岩に守られてたたずむ飯綱権現神社

融合平見晴台からの相模湖

❺石老山に到着する。

　木々に覆われ、わずかな樹間から富士山や丹沢が望める山頂を後にし、西方向へと大明神展望台を目指す。急な木段の下りのあと、道はゆるやかになり、樹林のなかを上下しながら高度を下げていく。途中、岩場混じりの急坂があるのでスリップに注意しよう。やがて、コース最後のピーク、山頂に小さな祠の立つ大明神山だが、展望は南高尾山稜方面がわずかに望めるだけ。

　大展望はここからあと少しで、小さく下って登り返せば、本コース中最高の展望が広がる❻大明神展望台だ。南東方向は木々が邪魔をするが、ほぼ360度の大きな眺めが広がる。天気がよければ、北には相模湖、陣馬山、影信山、南西には富士山や丹沢、そして西方向遠くには南アルプス、さらには東京スカイツリー®まで望むことができる。

　展望台からは、すぐ下で道が二分する。新しい道標は左へとチャレンジコースに導くが、こちらはコース上からの展望こそ開けるものの、下山後の県道歩きが長いので、ここではまっすぐねん坂コースを下る。なお、尾根道を下るチャレンジコ

小さな祠の立つ大明神山の山頂

セーフティ・チェック

岩場で転ばない下り方

石老山～大明神山間にあるような、大きな岩が重なった急斜面を下る際の大切なポイントは、①ストックをしまう、②両手を総動員する、③膝のクッションを最大限利用する、の3つ。バランス保持のため、腰を低くし、積極的に岩をつかむということだ。また、足場の傾斜もしっかり見極めたい。下に向かって傾斜している岩は、特に雨の時などは滑りやすいので、水平な岩を選び、岩を押さえ込むように慎重に歩こう。

ースにはロープ場があり、沢沿いを下るねん坂コースにはザレ場の急斜面があるので、いずれもスリップには十分な注意が必要だ。

下りに選んだねん坂コースは、ほどなく沢沿いを下るようになり、やがて林道に飛び出す。斜面に立つ関川公衆トイレを過ぎ、バンガローが並ぶ林道を下ると⑦**相模湖休養村キャンプ場**で、管理事務所先で車道にぶつかったら右へ。車に気をつけながらのんびり下れば、休養村から20分ほどで⑧**プレジャーフォレスト前バス停**だ。

石老山

山のおもしろさがいっぱい詰まった低山縦走

標高 **423** m

（峰山）

日連アルプス

ひ づれ あ る ぷ す

🥾 藤野駅→金剛山→峰山→杉峠→日連山→藤野駅

峰山の展望スポットから大菩薩方面や道志方面を眺める

中級	総歩行時間**3**時間
初級	総歩行距離**7.2**km
入門	標高差 登り：**207**m 下り：**207**m

登山レベル 体力：★ 技術：★★

公共交通機関
往復：JR中央本線藤野駅 ※金剛山登山口の金剛山バス停へは藤野駅から神奈川中央交通西のバス便もあるが、本数は非常に少ない。

マイカー
中央自動車道相模湖ICから国道20号を経由して藤野駅まで約2km。藤野駅の南東側すぐのところに民間の有料駐車場がある。日連アルプス山麓に駐車場はない。

ヒント
同行者にロープ場の苦手な人がいる場合は、藤野駅からタクシーで日連山登山口に行き、逆コースで歩くのがおすすめ。

問合せ先
相模原市観光・シティプロモーション課☎042-769-8236
藤野観光案内所 ふじのね☎042-687-5581
神奈川中央交通西・津久井営業所☎042-784-0661
藤野交通（タクシー）☎042-687-3121

① 藤野駅 0:25 ② 金剛山登山口 0:40 ③ 金剛山 0:10 ④ 峰山 0:15 ⑤ 杉峠 0:25 ⑥ 日連山 0:30 ⑦ 日連山登山口 0:35 ① 藤野駅

標高 1500m / 1000 / 500 / 0

216m　206m　420m　423m　333m　382m　222m　216m

0　5　10 km　水平距離

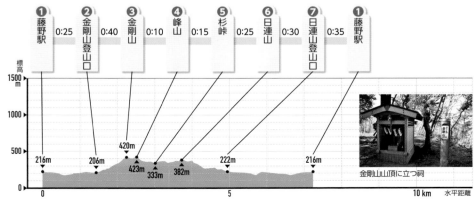

金剛山山頂に立つ祠

欄外情報 マイカー利用者向きだが、金剛山登山口から南に約3kmのところに公営の藤野やまなみ温泉がある。桜を見ながら入浴できる露天風呂と100%源泉が自慢だ。☎042-686-8073。入浴料750円。10～21時。水曜休。

駅から半日で往復できる気軽さながら
飽きのこない山歩きが楽しめる里の低山

概要 本コースが日連アルプスとよばれるようになったのはずいぶんと昔のようだ。いつ頃、誰がよび始めたのかはわからないが、藤野観光協会のホームページにも「日連アルプスとよばれるようになってから久しい」との記述がある。アルプスとよぶにしては500mに満たない低山ではあるのだが、実際に歩いてみると、胸突きの急登あり、険しいロープ場あり、大展望あり、広葉樹の森ありと、山登りのおもしろい要素をしっかりと持っているだけでなく、アップダウンのある縦走気分も十分に味わわせてくれる。

コース ❶藤野駅からゆるやかに下り、国道20号に出たら左折。すぐに日連大橋、道志方面の道が斜めに分岐するのでそちらへ右折し、下っていく。相模川を日連大橋で渡って今度はなだらかな登り道を行く。秋川橋への道を右に分け、商店や住宅の並ぶ通りを道なりにまっすぐ歩く。道が平坦になり、住宅地が道路より一段下に位置するようになると、左に赤い鳥居が現れる。❷金剛山登山口だ。ここには神奈川中央交通西の金剛山バス停もあるが、本数はとても少ない。

赤鳥居をくぐって登山道に入る。しばらくは山腹を巻くような傾斜の少ない穏やかな道だが、どんどん傾斜が強まり、いつしか尾根を直登するかのような急斜面となる。細かくジグザグを切った

赤い鳥居をくぐって金剛山参道に入る

道は後半、ほぼ直線的に稜線へと突き上げる。振り返れば藤野市街や相模川がきれいに望めるが、その余裕がない人も多いかもしれない。ここが前半の山場で、この急斜面さえ登りきれば、後半にこれ以上の急坂はない。

稜線に出た所が縦走路の合流点で、右に行けば、金剛山神社の立つ❸金剛山に到着する。展望は開けないが、樹木に包まれた小広く雰囲気のいい山頂だ。

山頂からは合流点までいったん戻り、ゆるやかな下り道を東方向へと峰山に向かう。10分ほどで到着する❹峰山は日連アルプスの最高峰で、尾根をほんの少し北に進めば、大月周辺の山々や道志、大菩薩方面の眺めが大きく広がる。当コース

広く居心地のいい金剛山山頂

耳よりコラム

石のオブジェ

現在は相模原市緑区となっている藤野町だが、以前からアートの町づくりを進めていて、相模川の南岸一帯にある芸術の道やアート・ヴィレッジにはいまも30点ほどのアート作品が自然のなかに飾られている。本コースで歩く日連大橋の北詰、南詰にもそれぞれ、石のアートが置かれている。見逃さないように。

金剛山山頂直下で景色を楽しむ

日連山の手前でランチタイム

一の展望地だろう。

　眺めを堪能したら杉峠を目指す。ゆるやかに下り、ピークに登り返した先の鞍部が❺杉峠だ。左右に道が分岐するが、左（北）に下る道は2023年10月現在、通行止めとなっていて、日連地区にある八坂神社に下ることはできない。

　峠からは日連山に向かって登り返す。なだらかなピークを2つほど越えると❻日連山で、顕著なピークではないが、周囲は雑木林になっていて穏やかな頂だ。

　ここから最後（東端）のピーク、宝山はすぐ先。

越えるピークはここで終わりになるが、テーブルのある山頂を過ぎれば本日の難関、日連アルプス名物のロープ場が待っている。かなり急傾斜のロープ場で、岩場でない分、濡れているときはぬるぬる滑ってむしろ始末が悪いことは容易に想像できる。ロープに頼りすぎるのは禁物だが、太く丈夫なロープをしっかりと握り、ゆっくり慎重に下ってほしい（P45コラム参照）。こうしたロープ場が苦手な人は、ヒントにも書いたように逆コースをたどったほうがいいだろう。

　下り終えると道はやや広くなり、やがて登山コ

宝山からの下りにある滑りやすいロープ場

ース案内板の立つ**❼日連山登山口**（ひづれやまとざんぐち）に至る。藤野駅に向けて集落内の車道を歩き、県道に出たら左へと進む。歩いてきた山々が望める日連橋を渡った先のY字路を右に入れば、往路に歩いた道にぶつかるのでここは右折。景色を楽しみながら石のオブジェの置かれた日連大橋を渡り、**❶藤野駅**（ふじのえき）へと坂道をのんびり歩こう。

　なお、地場産物やおみやげを購入したい人は、藤野駅に隣接する藤野観光案内所 ふじのね（P37 コラム参照）がおすすめだ。

セーフティ・チェック
ロープ場の上手な歩き方

クサリ場ほどの険しさではない場所にはよく、ロープが張られている。このロープ場でしばしば目にするのが、ロープに全体重を預けて行動している人だ。ロープはクサリに比べ、劣化が早いうえに細い。クサリ以上に単なる補助具だ。ロープ場ではまず、しっかりした足場を確保し、体重はきちんと足にかけること。あくまでも自分の手足で動き、ロープは補助のため軽くつかむ。スリップした時以外、体重をかけないのが原則だ。

津久井城山

つくいしろやま

🏔 津久井湖観光センター前バス停→女坂→津久井城山→パークセンター→津久井湖観光センター前バス停

津久井城山の広々とした山頂。本城曲輪跡ともよばれる

中級	総歩行時間 **2時間5分**
初級	総歩行距離 **3.5km**
入門	標高差 登り:240m 下り:240m

登山レベル 体力:★ 技術:★

公共交通機関
往復：JR横浜線・相模原線、京王相模原線橋本駅→神奈川中央交通西バス（約20分）→津久井湖観光センター前バス停

マイカー
圏央道相模原ICから県道510・65号、国道413号を経由して津久井湖観光センターのある津久井湖城山公園・花の苑地の駐車場まで約4km。118台、無料。

開場時間は8〜19時。

ヒント
花の苑地が満車の場合は、隣接する水の苑地に65台分、パークセンターにも43台分の無料駐車場がある。

問合せ先
相模原市観光・シティプロモーション課
☎042-769-8236
パークセンター☎042-780-2420
神奈川中央交通西・津久井営業所☎042-784-0661

❶津久井湖観光センター前バス停 0:10 ❷荒川登山道分岐 0:20 ❸合流点まき道園路 0:20 ❹飯綱曲輪分岐 0:15 ❺津久井城山 0:10 ❹飯綱曲輪分岐 0:20 ❻パークセンター 0:30 ❼津久井湖観光センター前バス停

標高 1500m 1000 500

136m 188m 375m 187m 136m
291m 343m 343m

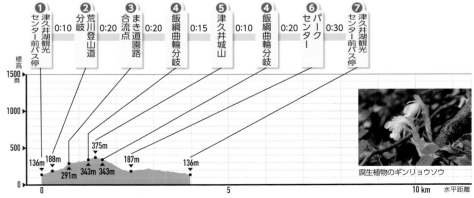

腐生植物のギンリョウソウ

水平距離

欄外情報 津久井城山東側の城山登山口バス停から登る小倉男坂、小倉女坂コースは途中にクサリ場もある険しいコースなので、ビギナー同士、家族連れでの歩行は避けたほうがいい。

街が近い低山とは思えない山深さが魅力
山城の歴史と森を堪能するハイキング

概要 津久井湖畔からすっと立ち上がる、深い森に包まれた山城跡が城山だ。鎌倉時代に築かれたといわれる山城は、戦国時代には津久井城とよばれていた。御屋敷跡や堀切・引橋、飯綱曲輪跡など、その遺構をいまも数多く目にすることができるのが本コースで、現在は県立津久井湖城山公園として山麓こそ観光地化しているものの、山道に踏み入れば歴史に包まれた山の雰囲気をたっぷり味わえる。交通の便もよく、ビギナーでも不安なく歩けることだろう。

コース ❶**津久井湖観光センター前バス停**から「桜の小径」の階段を上がっていく。春には桜が咲き誇る道を進み、木段を上がって山道に入ると、伊豆韮山代官・江川太郎左衛門英龍の植林による樹齢120年の「江川ひのき」の森が現れる。

道は狭くなり、樹齢900年の杉や城兵が刀を研いだと伝わる「宝ヶ池」が見られる荒川登山道を分ける❷**荒川登山道分岐**を過ぎ、途中、小綱やパークセンター方面への道を分けながらゆるやかな道を進めば小綱口分岐で、ここから左へと登っていく。なお、かつてメインコースの1本だった荒川登山道は2019年の台風の影響で通行止めとなっており、復旧のめどは立っていない。

コース中の大木は深山を思わせる

荒川登山道分岐から中勾配の道をジグザグに登ると女坂が左右に分かれる❸**まき道園路合流点**にぶつかる。左に進んでゆるやかな登りを行けば、パークセンター方面から登ってくる男坂が合流する❹**飯綱曲輪分岐**に出る。

分岐から少々急な道をわずかに登って家老屋敷跡を経由し、林の中を抜けると太鼓曲輪の広い尾根道に出る。この先にある堀切と引橋の跡からわずかに進むと山頂直下の広場があり、3本に分か

山頂手前からの東京都心の眺め

子どもが遊べる公園もある

れた道の先が❺**津久井城山**の山頂になる。本城曲輪ともよばれる広い山頂からは、北に津久井湖、東の樹間から東京方面が眺められる。

往路を❹**飯綱曲輪分岐**まで下ったら御屋敷・根本口方面へ露岩混じりの男坂を下り、男坂・女坂

分岐、さらに根本口への道も見送ると展望広場がある城坂になる。周遊道路を横切ると広大な御屋敷跡があり、城坂橋を渡ると❻**パークセンター**に着く。ひと休みしよう。

後は園路を出発点に戻るだけ。パークセンターの敷地内に立つ研修棟の横から四季の広場を抜け、その先に現れる展望デッキからは津久井湖や南高尾山稜の眺めを楽しみたい。園路をさらに歩いて北根小屋バス停への道を見送り、トイレのある小綱口を過ぎればまもなく❶**津久井湖観光センター前バス停**に到着する。

コース途中から津久井湖を見下ろす

立ち寄りスポット

パークセンター

根小屋地区にあるパークセンターでは、毎週土・日曜に行われる歴史や自然のスライド解説（14時〜。約15分）をはじめ、土・日曜、祝日に開催されるクラフト体験（有料）、ルーペを持って山を歩く自然観察会、ミニゲーム大会、もりの音楽会などさまざまなイベントを週末中心に開催している。ぜひ立ち寄りたいスポットだ。

➡新緑の御岳山・ロックガーデンを歩く（コース11）

↑三頭山の西峰山頂で展望を楽しむ（コース27）
➡岩がちの尾根に咲くイワウチワ（コース26）

奥多摩エリア

豊かな自然と心洗われる渓流、

四季折々に

魅力尽きない奥多摩の山々は

低山ハイクから山小屋泊登山まで、

さまざまなプランに対応できる

懐の広さを持つ。

東京都最高峰の日本百名山、

雲取山はもちろん

大岳山、御前山など

ファンの多い名山を紹介する。

OKUTAMA

2つの滝と苔むしたロックガーデンを巡る周遊コース

標高 **929** m

御岳山
（みたけさん）

御岳山駅→富士峰園地→御岳山→ロックガーデン→綾広の滝→御岳山駅

苔むした岩で緑に縁取られるロックガーデンの道

中級	総歩行時間 **2時間45分**
初級	総歩行距離 **5.5** km
入門	標高差 登り:**178**m 下り:**230**m

登山レベル 体力:★ 技術:★★

公共交通機関
往復：JR青梅線御嶽駅→西東京バス（約10分）→ケーブル下バス停→（徒歩5分）→滝本駅→御岳山ケーブルカー（6分）→御岳山駅（御岳平）

マイカー
圏央道青梅ICから国道411号などを経由して滝本駅まで約18km。滝本駅に136台分の有料駐車場がある。

ヒント
新宿駅～奥多摩駅間を運行する「ホリデー快速おくたま号」は直通ではないため、青梅駅での乗り換えが必要。また、運行日は土日祝中心の特定日のみなので事前に確認を。

問合せ先
青梅市観光協会☎0428-24-2481
御岳ビジターセンター☎0428-78-9363
西東京バス氷川支所☎0428-83-2126
御岳登山鉄道☎0428-78-8121

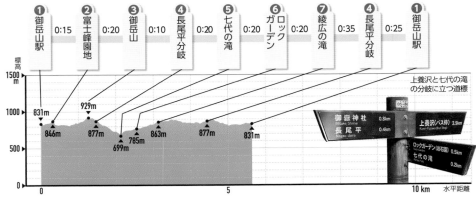

① 御岳山駅　0:15　② 富士峰園地　0:20　③ 御岳山　0:10　④ 長尾平分岐　0:20　⑤ 七代の滝　0:20　⑥ ロックガーデン　0:20　⑦ 綾広の滝　0:35　④ 長尾平分岐　0:25　① 御岳山駅

標高
1500 m
1000
831m　846m　929m　877m　699m　785m　863m　877m　831m
500
0

上養沢と七代の滝の分岐に立つ道標

0　　　　5　　　　10 km　水平距離

御嶽神社 Mitake Shrine 0.8km
長尾平 Nagao daira 0.4km
上養沢（バス停）Kami-Yozawa(Bus Stop) 3.9km
ロックガーデン（岩石園）Rock Garden 0.5km
七代の滝 Nanayo Falls 0.2km

欄外情報　本コースは逆ルートで歩いてもよい。大岳山から御岳山へ下る場合などに立ち寄る際には都合がよいコース取りだ。ただし、七代の滝から長尾平分岐が急登になる。

山上集落を抜け武蔵御嶽神社を参拝し 沢沿いの苔むした山路を行く

御岳山の山頂に立つ武蔵御嶽神社

概要 御岳山は手軽にアクセスできる都民のオアシスとして、四季を通じて多くの登山者やハイカーで賑わう。山上へと通じるケーブルカーを利用すれば、家族連れや山歩き入門者でも手軽に歩くことができる。また、御岳山一帯にはいくつもの山道が整備されており、他の山への縦走起点にもなっている。ここでは山頂駅を起点に森林浴と滝巡りが楽しめる癒やしルートを紹介。

コース 御岳山ケーブルカーの❶**御岳山駅**で下りたら、武蔵御嶽神社へは左へ舗装された参道を進むのが早いが、7月下旬～9月上旬なら、リフトの右から富士峰園地へと上がる山道を登って行こう。ここには関東随一といわれるレンゲショウマの群生地があり、楚々とした薄紫の花が広がるさまは見事。ヤマユリも甘い香りを振りまいており、シーズン中は早朝から多くのカメラマンが集まってくる花のスポットだ。

レンゲショウマが咲く斜面を登っていった❷**富士峰園地**の山上には武蔵御嶽神社摂社の産安社があり、そばには安産杉や夫婦杉の巨木も見られる。道標に従って南へと下っていけば、大塚山への道を右に分け、御岳ビジターセンターの脇に出る。表参道を右へ進み、山上集落を抜けていくと、途中、日の出山への道を左に分けた先に神代ケヤキがある。国の天然記念物で、樹齢推定1000年以上、幹回り8.2mにもなる巨木だ。

この先で右へ折れ、みやげ物店などが並ぶ参道を進むと大鳥居がある。300段近い石段を登れば武蔵御嶽神社がある❸**御岳山**の山頂だ。参拝を済ませたら、神社の少し下から道標に従い下っていくと大岳山へと続く山道に合流できる。水平道を行けば、間もなく傍らに茶屋がある❹**長尾平分岐**だ。七代の滝へはこの角からすぐ左斜め下へと延びる道を一気に下っていく。標高差にして約170m。途中、こんなに下って大丈夫かと不安になるころ、上養沢への分岐がある。ここを七代の滝・岩石園の案内に従い右へと下っていけば、水音が近づいてきて❺**七代の滝**に到着する。滝自体はさほど大きくないが、直前まで岩が滝の存在を

富士峰園地ではヤマユリも多く見られる

楽しさアップの自然観察

夏を彩るレンゲショウマ

レンゲショウマは山野の林床に自生するキンポウゲ科の多年草。レンゲショウマの名は花が蓮の花「蓮華」に、葉がサラシナショウマに似ていることからつけられた。御岳山の富士峰園地周辺の山腹では、例年7月下旬頃から9月上旬頃まで約1カ月間に渡り、薄紫の花が次々と咲き誇り、期間中「レンゲショウマまつり」が開催されイベントも多数。

隠れ滝のように涼しげに落ちる七代の滝

本コースで一番きつい登りの鉄階段

隠しているため、突然、目の前に姿を現す瞬間は感動的だ。苔むした滝壺も隠れ滝のような趣があり、なんとも心地よい。花期には周辺にタマガワホトトギスの黄色い花も見られる。ただし、濡れた岩は滑るのでスリップなどには十分注意したい。

七代の滝で涼んだら、少し戻った所から岩石園（ロックガーデン）の案内に従い、鉄階段を一気に登っていく。天狗岩とよばれる岩の脇を抜けると、一度、小さく下る。ここからは自然林の緑に包まれたゆるやかな山道を進む。道が右へとカーブしていくと、やがて沢筋に出る。この先が❻□

ックガーデンのハイライトコースだ。苔むした岩の間を抜ける道は、すべてが緑に包まれており、樹相こそ違えど、まるで屋久島の森を行くよう。途中、石づたいに沢を渡り返しながら進むと、やがてあずまやがある御岳沢休養所だ。傍らにはトイレもあるので、ひと休みするのにちょうどよい。ここから左へと登っていけば、途中、「お浜の桂」の巨木があり、わずかで鳥居を抜け❼綾広の滝に到着する。ここは滝行が行われるパワースポットでもあり、石碑、石祠などがまつられている。

ここからわずかに登ると、あずまやが見えてき

まさに腰掛けにぴったりな枝張りの天狗の腰掛け杉

て大岳山への分岐に飛び出す。御岳山駅へはこれを右へと進む。分岐からすぐのところに水場があるので、喉を潤していこう。あとはゆるやかな道をたんたんと進む。新緑から晩秋の冬枯れの時期まで、四季折々に気持ちよく歩ける。途中、ユニークな形の天狗の腰掛け杉を通過すると、じきに❹**長尾平分岐**へと戻る。

　あとは表参道をたどり❶**御岳山駅**へと戻ればよい。時間があれば、途中、食事処でお茶をするのも楽しいひとときだ。

セーフティ・チェック

木の根を踏まない

ハイカーが多い人気コースでは山道沿いの裸地化が進みやすい。下草が減ると山道が雨道となり土砂の流出が進む。結果、山道に張り巡らされていた木の根は地上にむき出しになる。そうなるとつい木の根を踏んでしまうが、木にとって根はまさに大地と幹を結び、水を吸い上げる命綱。木を傷めないためにも、急な下りなど危険が伴うような状況以外では、できるだけ根を踏まないように心がけたい。

奥多摩の静かな山と人気の山を結んで

標高 **929** m

（御岳山）

大塚山・御岳山

おお つか やま・み たけ さん

古里駅→丹三郎→大塚山→御岳ビジターセンター→御岳山→ケーブル下バス停

御岳山の山上集落の奥にたおやかな山容でそびえる大塚山

中級	総歩行時間**3時間45分**
初級	総歩行距離**7.9**km
入門	標高差 登り:**639**m 下り:**529**m

登山レベル 体力:★ 技術:★★

公共交通機関

行き：JR青梅線古里駅 ※青梅駅で奥多摩駅行きに乗り換え約30分。

帰り：ケーブル下バス停→西東京バス（約10分）→JR青梅線御嶽駅 ※御嶽駅行きのバスは1時間に1～3本の運行。

マイカー

圏央道青梅ICから都道63号、国道411号、都道201号を経由して滝本駅まで約18km。駅前の有料駐車場を利用。 ※古里駅側に駐車場はないため滝本駅を起点に2山を登るコース設定にするといい。

ヒント

新宿駅から奥多摩駅間は、特定日のみ「ホリデー快速おくたま号」が運行。ただし青梅駅での乗り換えが必要。

問合せ先

青梅市観光協会☎0428-24-2481
御岳ビジターセンター☎0428-78-9363
西東京バス氷川支所☎0428-83-2126

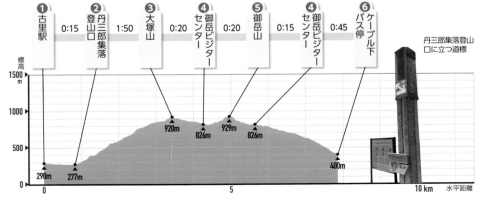

① 古里駅 — 0:15 — ② 丹三郎集落登山口 — 1:50 — ③ 大塚山 — 0:20 — ④ 御岳ビジターセンター — 0:20 — ⑤ 御岳山 — 0:15 — ④ 御岳ビジターセンター — 0:45 — ⑥ ケーブル下バス停

丹三郎集落登山口に立つ道標

標高
1500 m
1000
500
0

290m 277m 920m 826m 929m 826m 400m

0 5 10 km 水平距離

欄外情報 下山時、御岳山ケーブルカーの御岳山駅へは御岳ビジターセンターから徒歩約10分。ケーブルカーは滝本駅まで所要6分。

テーブルとベンチもあって休憩をとるのに最適な大塚山の山頂

樹林の変化を楽しみながら大塚山に立ち 歴史を感じさせる御岳山にも足を延ばす

概要 御岳山に隣り合ってそびえる大塚山は、御岳山の喧騒をよそにいたって静か。広々とした山頂一帯には低山の花が多く咲き、御岳山とは異なる魅力を備えている。古里駅から登るコースは、山頂まで2時間強を要するが、後半はコナラや山桜などが茂る樹林のなかに登山道が続き、爽やかな印象を残すに違いない。

コース ❶**古里駅**から青梅街道（国道411号）に出ると、正面に「古里駅前」の信号があり、その左側から吉野街道（都道45号）が南下している。吉野街道を進み、万世橋で多摩川を渡って丹三郎集落に入っていく。「そば・うどん丹三郎」として営業している旧家、丹三郎屋敷の少し先の右側に❷**丹三郎集落登山口**がある。

道標に従い細い車道を登ると、すぐに休憩所とトイレが設けられた丹三郎園地に出る。その一段上で害獣除けの鉄柵の扉を開閉し、登山道に入る。扉は必ず閉めて通過しよう。

杉や檜の植林のなかを大きくジグザグにきりながら高度を上げていく。尾根に出るまでの1時間ほどの登りはなかなかきつい。ところどころに丸太のベンチが置かれているので、休憩をとりなが

らゆっくり登ろう。やがて尾根上に出ると、ほっとひと息。傾斜もゆるやかになり、落葉広葉樹林に続く明るい道は快適だ。道が三方に分かれる分岐にたどり着けば、大塚山への最後の登り。中央に延びる階段道に進み、大塚山園地休憩所が左手に現れると、すぐに❸**大塚山**の山頂に着く。テーブルとベンチの点在する広々とした山頂は、ランチタイムに最適。西方の展望が開け、鋸尾根や石尾根方面の山並みを望むことができる。

大塚山の山頂から南面の尾根道を進み、途中で山腹を巻くようにして下ると、富士峰園地下の分岐に出る。左の山腹道は御岳山ケーブルカーの御岳山駅に通じ、10分ほどで御岳山駅に行ける。御岳山へは右の山腹道を行く。ゆるやかに下り、左手から富士峰園地からの道と合流し、さらに御岳山駅からの道に合流すれば、右手に❹**御岳ビジターセンター**が現れる。ここから御岳山を往復しよう。

丹三郎集落にある御岳山登山口

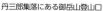

立ち寄りスポット

御岳ビジターセンターで情報収集

御岳山と周辺の山々の自然や登山道などの最新情報を知りたいとき、まず立ち寄りたいのが御岳ビジターセンター。インフォメーションだけでなく、御岳山一帯の自然に関するさまざまな展示物もある。自然教室やエコツアーなども実施している。

☎0428-78-9363。入館無料。9時〜16時30分。月曜休（祝日の場合は翌日）。

　御岳山の山上集落のなかを道標に従いながら進む。食事処やみやげ物店の並ぶ小さな門前町を通って武蔵御嶽神社への急な石段を登る。豪壮な拝殿の前に着けば**⑤御岳山**の山頂だ。

　参拝を済ませたら往路を御岳ビジターセンターまで戻り、御岳山駅への道に入る。すぐに右に分かれる表参道を下ろう。昔から歩かれてきた表参道は、今は簡易舗装され、杉の古木のなかに続いている。ジグザグを繰り返しながら下れば、滝本駅の前に出る。**⑥ケーブル下バス停**は御嶽駅方面へ少し下ったところにある。

サブコースチェック

ケーブル下バス停からバスを利用しないで、さらに車道をたどり、御岳渓谷を散策するコースも一案。8月なら渓谷沿いの遊歩道に群生するキツネノカミソリが開花する。滝本に通じる車道を下りきると、吉野街道（都道45号）に突き当たる。吉野街道を横断し、民家の脇を下っていけば、御岳渓谷に下りられる。神路橋は渡らずに右の多摩川沿いの道を下流にたどり、御岳橋の下をくぐって玉堂美術館へ。時間があれば川合玉堂の日本画を鑑賞するのもよいだろう。玉堂美術館の下流側にはかつて御岳小橋が架かっていたが、流失してしまったので、上流の御岳橋を渡って御嶽駅に戻ろう。
ケーブル下バス停（25分）→吉野街道（25分）→玉堂美術館（10分）→御嶽駅。

老若男女が行き来する武蔵御嶽神社への石段

日の出山
ひのでやま

🏔 二俣尾駅→愛宕山→三室山直下の分岐→日の出山→滝本→つるつる温泉バス停

日の出山山頂から御岳山越しに雲取山方面の展望を楽しむ

公共交通機関

行き：JR青梅線二俣尾駅
帰り：つるつる温泉バス停→西東京バス（約20分）→JR五日市線武蔵五日市駅

マイカー

圏央道あきる野ICまたは中央自動車道八王子ICから国道411号を経由して二俣尾駅まで約20〜26km。愛宕神社手前の即清寺下に吉野園地駐車場がある。

ヒント

マイカーの場合は日の出山から吉野梅郷へ下れば駐車場のある即清寺まで徒歩で戻れる。下山後に入浴しない場合はつるつる温泉へ行かず、手前の日の出山登山口からバスに乗車するといい。

問合せ先

青梅市観光協会☎0428-24-2481
日の出町観光協会☎042-588-5883
西東京バス五日市営業所☎042-596-1611

総歩行時間 **4時間45分** 　中級
総歩行距離 **8.2** ㎞ 　初級
標高差 登り：**667** m　下り：**545** m 　入門
登山レベル 体力：★★　技術：★

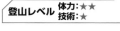

①二俣尾駅 0:20 ②愛宕神社 1:30 ③三室山直下の分岐 1:30 ④日の出山 1:00 ⑤滝本 0:25 ⑥つるつる温泉バス停

コース中の道標

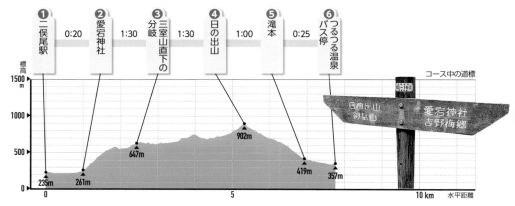

235m　261m　647m　902m　419m　357m

日の出山　御岳山　愛宕神社　吉野梅郷

水平距離

穏やかな山頂からの展望を満喫し
歴史の道を下って美人の湯へ

概要 日の出山は奥多摩山塊の前衛の山として、その愛らしい名前と山容から地元の住民や登山愛好家から親しまれてきた。ケーブルカー利用の御岳山ルートが最もポピュラーなコースだが、ここでは駅から歩いて高度を稼ぐ、山歩きの魅力を備えたルートを紹介しよう。

コース ❶二俣尾駅を降りたら檜原街道を渡って左折する。すぐ先の吉川英治記念館への案内板に従って街道をそれ、奥多摩橋を渡る。さらに信号を渡り、左へ進めばすぐに❷愛宕神社の大鳥居が見えてくる。この先にある即清寺の守護のために建てられたと伝えられる古社だ。苔むした石段を登り、安全祈願をしたら、いよいよ山道へ入っていく。

拝殿に向かって左の大木の下に小さな道標があり、山の秀句を多く残した俳人・福田蓼汀の句碑が立つ登山口から杉林の山道へと進んでいく。神社の裏で即清寺からの道を合わせ、その先の二俣を右へ。木の根が張り出した自然林の道を進むと、やがて植林の中の平坦な道となり、左下に柚木の集落を見ながら進んでいく。低山とはいえ歩き始めはきついので、丸太のベンチが置かれたところに出たら、まずはここで小休止していこう。

夏期にはギボウシが咲く道をいくと再び即清寺からの道と合流し、その先に山内新四国八十八ヶ所霊場第55番の石塔が立っている。これは即清寺の第32世和尚が幕末に四国遍路を達成した後、愛宕神社奥社へ続く参道に建立されたもの。即清寺境内裏から歩き始めればミニ巡礼ができるが、60番から69番は本コース上からはずれているので、あっけなく88番に達する。木の根の山道をさらに進み、ひと登りすれば愛宕神社奥社が鎮座する愛宕山となる。

軟らかな土の感触を味わいながら、ゆるやかなアップダウンを繰り返し、さらに急登していくと

麻生山の麻生平から見た日の出山（左）と三室山へと続く稜線

正面に岩山が現れる。山頂を越えてもよいが、右手の巻き道へ進み❸三室山直下の分岐に出る。吉野梅郷からの道と合流する分岐には三等三角点という珍しい標柱も立っている。

分岐からは平坦な道を進み、ゆるやかに下るとアスファルトの林道が交差する梅野木（梅ノ木）峠に出る。左はつるつる温泉への車道で、吉野梅郷と沢井への車道は封鎖されている。日の出山へは林道を横切って正面の車道へ。ヤマアジサイを見ながら平坦な道をしばらく行き、再び山道へ入っていく。ベンチがある広場に出たら右折して、ゆるやかに下っていく。木の根が張り出した緩急の登りを進むと城壁のような石垣に視界を遮られる。石段を急登すると、ゆったりとした❹日の出

サブコースチェック

最もポピュラーなのは御岳山から日の出山へと縦走して吉野梅郷へ下るコース。3月の梅や7月末から8月にかけてのレンゲショウマのシーズンには大勢のハイカーで賑わう。御岳山へはJR青梅線御嶽駅からバスに乗りケーブル下へ。ケーブルカーで御岳山駅にいけば、後は100m足らずの標高差をかせぐだけで日の出山に到達できる。山頂からは三室山経由で吉野梅郷、日向和田駅方面へと下っていく。

山の山頂が眼前に広がる。振り返ると立川方面の市街地、さらに視界がきけば都心の高層ビル群も望める。ベンチやあずまやもあるので、ゆっくりと山上ランチを楽しもう。

山頂からの展望を楽しみ、お腹を満たしたら温泉を目指して下っていこう。山頂南側の三ツ沢・養沢方面の標識に従って急な木段を下る。すぐに三室山からの道を合わせ、しばらくすると御岳山や養沢方面への道を右に見送る。さらに歩を進めるとクロモ上見晴台となり、急下降してクロモ岩下の分岐に出る。養沢・金比羅山への道を分け、すぐ下で平井川の源への道も見送る。

しばらくすると腰掛けて休憩するのにうってつけな岩が現れる。日本武尊蝦夷征伐の帰路、この岩に顎を掛けて関東平野を見渡したという「顎掛岩」だ。馬頭観音もあり、里に近づいたことを感じさせる。急斜面を下ると不動尊がある❺滝本で、すぐに林道に出る。道なりに進むとバス通りに出て、左に行けば❻つるつる温泉バス停だ。

滝本の林道脇に流れる沢の音が山歩きの疲れを癒やしてくれる

立ち寄り湯

生涯青春の湯 つるつる温泉

天然温泉の立ち寄り湯。高アルカリ性の湯は肌にやさしく、美肌効果や疲労回復の効果あり。売店では特産品や地野菜も販売。武蔵五日駅とつるつる温泉を西東京バスの定期運行便が結ぶ。☎042-597-1126。3時間960円。10〜20時。第3火曜休（祝日の場合は翌日）。年2回、整備点検の休館あり。

（地図内の文字）

水香園
松乃温泉
御嶽駅
多摩川
青梅線
沢井駅
軍畑駅
澤乃井ままごと屋
高水三山
二俣尾駅 ❶
奥多摩橋
柚木町
1:50,000
500　1000m
1cm=500m
等高線は20mごと
ケーブル下
滝本駅
御岳山
御岳山駅
玉堂美術館
御岳
青梅市
山内新四国八十八ヶ所霊場が点在
愛宕神社
コンビニ
吉川英治記念館
句碑
即清寺
吉野園地
杉林をジグザグに下る
石神前駅
二俣尾
日向和田駅
北秋ノ尾根
愛宕神社奥社
愛宕山
584
MIWA TOKYO OME
天満宮
梅郷
日の出山
小さなアップダウンを繰り返す尾根道（巻き道あり）
電波中継所
旧満沢林道
梅野木峠
三室山直下の分岐
琴平神社
梅の公園
登山口がある
青梅街道
立川街道
まりのみ（休業中）
東雲山荘 ❹
日の出山
902
顎掛岩
樹林帯の急坂
クロモ岩
滝本 ❺
❻ つるつる温泉バス停
急坂
上養沢の分岐あり
熊出没注意！
オカトラノオの群生
日の出山登山口
三ツ沢
松尾
ゆるやかな尾根道
御岳林道
養沢鍾乳洞（閉鎖）
日の出町
白岩滝
3年現在、通止め
上養沢バス停
あきる野市
麻生山
武蔵五日市駅
岩井滝
肝要
天狗岩
宮平駅

愛宕神社に立つ福田蓼汀の句碑
大久野

大岳山
（おお・だけ・さん）

御岳山駅→武蔵御嶽神社→芥場峠→大岳山→鋸山→奥多摩駅

高水山から望む御岳山と大岳山

中級	総歩行時間 **5時間30分**
初級	総歩行距離 **11.2** km
入門	標高差 登り：**435**m 下り：**922**m

登山レベル 体力：★★★
技術：★★

公共交通機関

行き：JR青梅線御嶽駅→西東京バス（約10分）ケーブル下バス停→（徒歩5分）→滝本駅→御岳山ケーブルカー（6分）→御岳山駅／帰り：JR青梅線奥多摩駅

マイカー

圏央道青梅ICから都道63号、国道411号を経由して御嶽駅まで約15km。駅周辺に数カ所の有料駐車場がある。

ヒント

大岳山を往復する場合以外は、車でケーブルカー滝本駅まで行ってしまうと、帰りのピックアップがしづらくなる。ケーブルカーの発車時刻はシーズンによって異なるので事前に問い合わせを。15〜30分に1本の割合で運行している。

問合せ先

御岳ビジターセンター☎0428-78-9363
西東京バス氷川支所☎0428-83-2126
御岳登山鉄道☎0428-78-8121

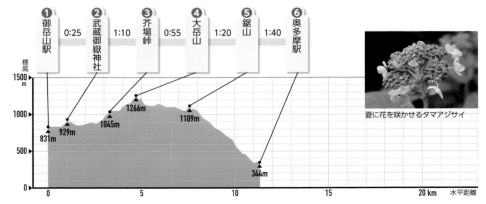

夏に花を咲かせるタマアジサイ

① 御岳山駅 0:25 ② 武蔵御嶽神社 1:10 ③ 芥場峠 0:55 ④ 大岳山 1:20 ⑤ 鋸山 1:40 ⑥ 奥多摩駅

標高
1500m
1000m
500m
0m

831m 929m 1045m 1266m 1109m 344m

0　　　5　　　10　　　15　　　20 km　水平距離

欄外情報 ケーブルカーの利用で大岳山までは比較的楽に来てしまうが、その先の鋸尾根は長い。天候や装備、体調を考慮して、不安を感じたら往路を戻ろう。

御岳ケーブルで奥多摩三山の一座へ
鋸尾根を奥多摩駅まで一気に下る

概要 目立つ山容が特徴的な大岳山はその昔、東京湾を航行する船の目印にもなっていた。御前山・三頭山と合わせて奥多摩三山と称される奥多摩を代表する秀峰の一つである。御岳登山鉄道のケーブルカーを利用すれば、比較的楽に大岳山に登頂できることから人気もある。帰路に鋸尾根を組み合わせれば、充実したロングコースが楽しめる。

コース ケーブルカー❶御岳山駅を降りればそこはもう標高831m地点の御岳平だ。遠くに筑波山や都心の高層ビルを展望できる。できればゆっくりしたいところだが、この先の行程はまだ長いので先を急ごう。ちなみにケーブルカーの乗車時間は6分間とあっという間だが、奥多摩駅までの縦走を考えるとなるべく朝早い時間帯に乗車したい。

御嶽神社参道に入り、日の出山を左に見ながら舗装路を進む。右手にある御岳ビジターセンター

みやげ物店や食堂が並ぶ参道を行く

を過ぎると宿坊が立ち並ぶ山上集落に出る。前方に神代ケヤキ（国指定天然記念物）が見えたら、その脇を行くとみやげ物店や食堂が軒を連ねる参道に出る。そのまま参道を進み随身門をくぐった先に長尾平方面への分岐がある。長尾平へと進む前に、石段を上がって❷武蔵御嶽神社で登山の無事を参拝していこう。

ベンチのある広い長尾平を左に見たら七代の滝に通じる道を見送ってそのまま直進する。直に天狗の腰掛杉が現れ、ここが奥の院と山腹の道の分岐点になる。奥の院ルートは登山道から見える三角錐に尖ったピークと鍋割山を結ぶ稜線を行くもので、今回は山腹を巻く道をとる。

ロックガーデンに続く道と出合う手前に、御岳の名水ともいわれる清水がパイプから流れているので、水筒に入れておこう。夏場でも冷たくてけ

大岳山へはクサリのある岩場を通過する

楽しさアップの自然観察
葉っぱに注目！

御岳山から大岳山周辺は緑豊かな森に覆われ、さまざまな種類の樹木を見ることができる。樹木を識別するには木の幹や葉っぱの特徴を知ることだ。樹木のハンドブックを持ち歩き葉っぱの形状に注目しながらの山歩きも、たまにはおもしろい。東京周辺の豊かな植生に感動できる。

大岳山

展望が大きく広がる大岳山山頂

杉木立に囲まれた静かな鋸山

鉄バシゴは慎重に下る

っこうおいしい。ロックガーデンへの分岐を過ぎると沢筋から離れて本格的な登りが始まる。斜面を登りきると❸芥場峠だ。

ここから先、登山道には岩場を通過するところも出てくるが、危険な箇所には新しい鎖が設置されており、ゆっくり歩けば問題はない。さらに進んで、いったんゆるやかに下ると、左手に閉鎖された大岳山荘の屋根が見えてくる。山荘を越えた先にトイレがあるので休憩するのにちょうどよい。

大岳山山頂は大岳神社の境内を通り、さらに20分ほど登ったところだ。大岳神社は杉木立に囲まれひっそりとある。大きくはない社殿からは神々しい雰囲気が漂っている。古い伝統を持つ神社で昔は多くの参拝客がいた。オオカミに似た狛犬が、社殿を守っている。

境内を抜けて急坂を登ると、最後に岩が露出した箇所を慎重に通過する。すると❹大岳山山頂に飛び出す。山頂で雄大な富士山や丹沢の山々を眺めながら、腹ごしらえとしよう。

下山は鋸山を経由する鋸尾根に向かう。山頂をそのまま北西方面に直進し、急坂を下る。しかし急な箇所は山頂直下だけで、しばらくは気持ちの

よい笹ヤブの間の道を進む。御前山方面への分岐を見送り、もうひと登りしたら**⑤鋸山**山頂だ。展望のない静かな頂だが、まだまだ続く下りに備えてひと休みしておきたい。

鋸山から先、小ピークをいくつか越えると大きな岩場が出てくるが、右に岩場を迂回するルートがあるので心配はいらない。左にクサリ場コースという切れ落ちた岩壁を直接下るルートもあるが、こちらは登りで楽しみたい。次に鉄のハシゴを下りると726mのピークに出る。ここは天聖神社で天狗像を刻んだ石塔が2体ある。眼下に氷川の集落が見える。

さらに下ると車道に飛び出し登計峠に着く。目の前に最後のピーク愛宕山がある。愛宕山に立つ愛宕神社を抜けて急な階段を下ると愛宕山登山口の園地に出る。左手にある昭和橋で多摩川を渡れば、**⑥奥多摩駅**はもうすぐだ。途中に奥多摩ビジターセンターがあるので、時間に余裕があれば立ち寄ってみたい。

ちょっと寄り道

奥多摩森林セラピーロード

鋸尾根を下山してきて登計峠からそのまま林道を少し下っていくと「奥多摩森林セラピーロード」の入口がある。東京都では唯一の森林セラピー基地という奥多摩町の取り組みだ。ストレスをかかえた現代人のための癒やしの空間で、森林浴や星空浴を目的とした遊歩道が続いている。この登計トレイルを下っていけば、登計集落経由で青梅街道に出られる。登計峠から奥多摩駅までは徒歩45分くらいだ。

標高 **793** m
(岩茸石山)

高水三山
たか みず さん ざん

🥾 軍畑駅→高源寺→高水山→岩茸石山→惣岳山→御嶽駅

岩茸石山から高水山を望む

中級	総歩行時間**4時間00分**
初級	総歩行距離**9.3km**
入門	標高差 登り：**563m** 下り：**548m**

登山レベル 体力：★★ 技術：★★

公共交通機関
行き：JR青梅線軍畑駅　帰り：JR青梅線御嶽駅

マイカー
圏央道青梅ICから都道63号、国道411号を経由して御嶽駅まで約15km。軍畑駅周辺には駐車場がないので、御嶽駅周辺の有料駐車場を利用。ただし御嶽駅周辺の駐車場は土日祝はかなり混雑する。

ヒント
特定日のみ運行される「ホリデー快速おくたま号」（全便、青梅駅乗り換え）は、軍畑駅・川井駅には停車しないので注意。マイカーの場合、GWや8月のレンゲショウマ祭り開催中は御嶽駅周辺が混雑するので気をつけよう。

問合せ先
青梅市観光協会☎0428-24-2481

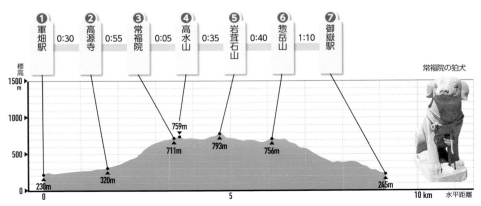

❶ 軍畑駅 0:30 ❷ 高源寺 0:55 ❸ 常福院 0:05 ❹ 高水山 0:35 ❺ 岩茸石山 0:40 ❻ 惣岳山 1:10 ❼ 御嶽駅

常福院の狛犬

標高
1500m

1000m

759m
711m
793m
756m

500m

230m
320m
245m

0
5
10km 水平距離

欄外情報 登山の後、御岳渓谷の美術館巡りはいかが。川合玉堂の作品を展示する玉堂美術館（☎0428-78-8335）、多摩地域ゆかりの作品を展示するせせらぎの里美術館（☎0428-85-1109）がある。

駅から駅へとアプローチできる便利さと 3つの山頂を結ぶミニ縦走で人気ルート

概要 高水三山の愛称で親しまれている高水山・岩茸石山・惣岳山は奥多摩の入口に位置している。古くから奥多摩登山のミニ縦走コースとして多くの登山者から愛されているポピュラーコースだ。何といっても駅から駅へと歩いてつなげられる便利さがうれしい。春、秋、冬と季節ごとの彩りを楽しみたい。

コース ❶**軍畑駅**の改札を抜けたらすぐ左手の線路沿いの細い道へ。無人駅の軍畑駅だがトイレは右手にある。踏切を渡って民家を数軒通り過ぎると車道に出るので左へ。ゆるやかに上がっていく車道をしばらく進むと右手に青梅丘陵が見えてくる。15分くらい歩くと平溝川が左手から流れてくる。登山口へは橋を渡らずに左に入り、平溝川に沿って歩こう。沢の音をBGMに里山歩きを満喫していると右手の路地へ進むよう案内がある。ここが❷**高源寺**だ。これから先はかなり傾斜のきついアスファルト道になるが、準備運動のつもりでゆっくりと。終点は堰堤の横の急な石段に

獅子舞が奉納される高水山常福院

つながっており、上がりきったところから登山道が始まる。

季節の草花を楽しみながら進むと、登山道から右の脇に入ったところに滝がある。清浄ノ滝とよばれる滝は小さいながらも荘厳な雰囲気が漂う。

急な斜面を上がると、杉と檜の木立に囲まれた稜線に出る。6合目と刻まれた石柱を過ぎるとベンチのある休憩スペースがあるので小休止。左手には日ノ出山や大岳山が見える。

広葉樹の林になると、❸**常福院**への分岐は近い。右手に進んで石段を上がると立派な本堂がある。高水山常福院は源頼朝の武将、畠山重忠が鎌倉へ向かうたびに訪れたと伝わる古刹である。4月には古式ゆかしい獅子舞が奉納され、多くの観客で賑わう。このあたりは紅葉の時期の美しさも格別だ。高水山の山頂はお寺の裏側にあり、登山道へ

登山口近くにある清浄ノ滝

セーフティ・チェック

現在地の把握

5万分の1の地形図には出ていないが、2万5千分の1の地形図には出ている情報の一つに鉄塔や送電線がある。例えば高水三山のコースでは惣岳山から御嶽駅へ下る途中で3本の送電線を越える。送電線は現在地を把握するのに一番分かりやすい情報だ。特に方向を見失いやすい下山時や山麓では有効な情報となるので、日頃から意識しておきたい。

ここを登りきると岩茸石山山頂だ

惣岳山は木立に囲まれた静かな山頂

はあずまやの後ろ側から斜面に取り付く。

❹高水山山頂は樹林で覆われており眺望はあまりよくないが、南側の木々の間に御岳山と大岳山が見える。よく目を凝らしてみると御岳山の山上集落まで見える。ブナの大木を眺めながらベンチでひと休みしたら次のピーク、岩茸石山を目指そう。山頂直下にロープのある急坂が現れるが、すぐに快適な尾根道になる。北側の斜面が開け、春にはヤマザクラやミツバツツジの咲く明るい稜線からは奥武蔵の山々が見える。

惣岳山への巻き道を見送って、目の前の急登を

登れば**❺岩茸石山**だ。細長い山頂は北側が切れ落ち、川苔山や棒ノ嶺、武甲山など奥武蔵の山々が連なって見える。ゆっくり休めるベンチもあり思わず昼寝したくなってしまう。高水三山の中でも抜群の展望を誇る山頂で、大休止としよう。

さて次は3つ目のピーク、惣岳山を目指そう。岩茸石山山頂奥にあるベンチの先を直進しないで左へ進む。ベンチの先のまっすぐに下る道は黒山方面へのルートなので要注意だ。足元の滑りやすい露岩の急な下りを慎重に進むと高水山からのルートが合流し鞍部に出る。木の根と岩がむき出し

の最後の急登を登りきると、❻**惣岳山**（そうがくさん）山頂だ。

周囲を杉と檜で囲まれた静かな山頂には青渭神社（あおい）奥ノ院がある。社殿はなぜか金網に囲まれて近づきがたいが、のぞいてみると彫刻がすばらしい。静かな境内を後にして、御嶽駅へと下山しよう。真名井ノ井戸（まない）を見て、急坂を注意しながら下る。送電線を越えると眼下に御岳の集落が見えてく

る。登山道の一部は「関東ふれあいの道」にもなっており、道標はしっかりしているので迷う心配はない。

3本目の送電線を越えると御嶽駅はもうすぐだ。舗装路に出たら目の前の踏み切りを渡り、すぐ右手にある階段を下りると青梅街道に出る。右に進めば❼**御嶽駅**（みたけえき）だ。

サブコースチェック

三山巡りはどっちの駅から？

本文では軍畑駅を起点としたルートを紹介しているが、どちらの駅から回っても所要時間はほぼ同じである。軍畑駅からだと集落を経由してゆるやかな登りで歩き出すことになるが、御嶽駅からはすぐに山道に入り急な登りで始まる。どちらのルートもアップダウンのあるミニ縦走が楽しめるので、体力チェックのつもりで季節ごとに訪れてみてはいかがだろうか。

奥多摩から奥武蔵側へ

健脚向けになるが、岩茸石山から黒山を経由して棒ノ嶺（P146参照）への縦走もおもしろい。岩茸石山から棒ノ嶺へは所要約2時間30分。御嶽駅〜棒ノ嶺は関東ふれあいの道（東京都）にもなっているので道標はしっかりしている。「山草のみち」と名付けられた花の多いルートで、春には何種類ものスミレやツツジが目を楽しませてくれるだろう。

初夏を彩るウツギの花

変化に富む景観を楽しみながら奥多摩の名峰を越える　標高 **1363** m

川苔山
<small>かわ　のり　やま</small>

🥾 川乗橋バス停→細倉橋→百尋の滝→川苔山→舟井戸の鞍部→大根の山ノ神→鳩ノ巣駅

川苔山の山頂より鷹ノ巣山から雲取山（中央）を展望

中級	総歩行時間 **6時間10分**
初級	総歩行距離 **12.7km**
入門	標高差 登り:**948m** 下り:**1044m**

登山レベル 体力:★★　技術:★★★

公共交通機関
行き：JR青梅線奥多摩駅→西東京バス（約15分）→川乗橋バス停　※平日は日原鍾乳洞行きだが、土日祝には東日原行きになり、運行時刻も変わる。

帰り：JR青梅線鳩ノ巣駅

マイカー
圏央道日の出ICから国道411号を経由して鳩ノ巣まで約27km。すぐ先を右へ入ると奥多摩町営鳩ノ巣駐車場（無料）

がある。

ヒント
川乗橋へのバスは運行本数が少ないので、時刻は事前に要確認。マイカーの場合は、奥多摩町営鳩ノ巣駐車場を起点に回遊コース（P70参照）で歩くことができる。

問合せ先
奥多摩町観光産業課☎0428-83-2295
奥多摩ビジターセンター☎0428-83-2037
西東京バス氷川支所☎0428-83-2126

❶ 川乗橋バス停	0:50	❷ 細倉橋	0:45	❸ 百尋の滝	0:50	❹ 足毛岩分岐	1:10	❺ 川苔山（川乗山）	0:25	❻ 舟井戸の鞍部	1:40	❼ 大根の山ノ神	0:30	❽ 鳩ノ巣駅

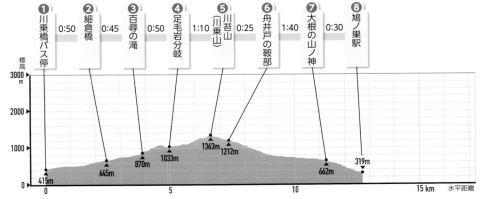

標高
3000m
2000m
1000m

415m　645m　870m　1033m　1363m　1212m　662m　319m

0　　　5　　　10　　　15km　水平距離

欄外情報 足毛岩分岐からは川苔山北面の谷筋から回り込んで登ることもできる。薄暗い苔むした谷筋から尾根筋に登って進めば、川苔山東肩の分岐に出られる。

清涼感あふれる百尋の滝を見物してから
花と展望の待つ川苔山の山頂を目指す

概要 埼玉県との都県境の近くに位置する川苔山（川乗山）は、奥多摩三山と並んで人気が高い。土・日曜や祝日は、狭い山頂が登山者で埋まるほど。とはいえ山頂に至るまでのコースは長く、登山者も分散して山道は意外に静かだ。いくつかのコースをとれるが、ここでは豪快な百尋の滝を見物したあとに山頂に立ち、鳩ノ巣駅への長い山腹道を下ろう。

コース 奥多摩駅前から日原鍾乳洞方面行きのバスに乗り、❶**川乗橋バス停**で下車。川乗林道の車止めゲート脇を通り、川苔谷沿いに延びる車道を上流にたどっていく。この車道歩きはいささか長いが、❷**細倉橋**を渡れば、右に百尋の滝への登山道が分岐する。

樹林のなかに続く登山道を進み、川苔谷を何度か渡り返しながら、上流に向かう。樹木と清流とが織り成す景観が美しい。切り立った断崖の上を行く箇所もあるので、足元には注意しよう。やがて右に川苔山方面への道が分岐する岩場に出る。この分岐点から階段をひと下りすれば、河床に下りて❸**百尋の滝**を仰げる。

分岐点に戻ったら、岩場を越え山腹道をたどっていく。横ヶ谷の支流を渡ると、❹**足毛岩分岐**に出る。ここで右の足毛岩方面への道に入り、横ヶ谷を渡って山腹道を進む。小沢を2本渡り、山腹道から尾根に出たところが足毛岩の肩。直進する

奥多摩で随一の落差を誇る百尋の滝は清涼感いっぱい

大ダワへの道は通行禁止になっている。足毛岩の肩を後に、いよいよ川苔山への登りにかかる。ほぼ尾根通しに続く道を急登し、小ピークに着くと、東方向にぽっかりと川苔山の山頂部が現れる。防火帯として整備されたたんたんとした道をたどり、急斜面のザレ場をひと登りすれば、❺**川苔山**の山頂に飛び出す。

小広く開けた山頂には、山名標識や周辺の登山道などを記した案内板が立ち、二等三角点も置かれている。北の長沢背稜をはじめ、西から南に雲取山、大菩薩嶺、三頭山、富士山、御前山、大岳山など、見事な展望が得られる。

川苔山の山頂を後に東面側に延びる防火帯の道を下る。まもなく明るく開けた小広場に出ると、

コース中の道標はよく整備されている

耳よりコラム

川苔山と川乗山

川苔山を登っていると、道標の山名表記に「川苔山」と「川乗山」が混在しているのに気づくだろう。山名は、一帯の沢で良質な川苔がとれたことに由来すると伝わる。この「川苔」が地形図作製の段階で「川乗」と表記され、混在の要因が発生した。近年は、本来の意味に戻そうという動きもあって、「川苔山」の表記が増えているようだ。

標柱の左横に雲取山を望む川苔山山頂

登山道は三方に分岐している。川苔山の東肩にあたり、かつては川苔小屋が立っていたところだ。左に下る道は足毛岩分岐、直進する道は曲ヶ谷北峰にそれぞれ通じているが、ここは右に下っている道に入る。滑りやすい山腹道を下り、右に舟井戸の水場を見てほどなく、平坦な❻**舟井戸の鞍部**に下り立つ。

鞍部の南端で鋸尾根に延びる道を見送り、左の樹林帯の道を進む。幅広の尾根道を下った先で大ダワ分岐に出る。この分岐を左にとったら再び幅広の尾根道を下り、小広く開けた平地で右に折れ

サブコースチェック

鳩ノ巣駅を起点にして回遊コースで川苔山を登るコースもある。マイカーでアクセスする場合におすすめ。大根の山ノ神から杉ノ殿尾根に延びる本仁田山方面への道を登り、途中で大ダワへの道に入る。大ダワでは山腹を行く巻き道と鋸尾根（写真）を越えていく道が二分するが、鋸尾根を行く道のほうが変化もあって楽しい。舟井戸の鞍部に出たら川苔山の山頂を往復し、山腹道を下山する。大根の山ノ神→1時間20分→大ダワ→1時間15分→舟井戸の鞍部→30分→川苔山。

て山腹道を下る。杉や檜の茂る樹林のなかに延びる山腹道は展望もほとんど開けない。近年は間伐作業が進んで、杉や檜だけでなく落葉広葉樹も生育し、以前よりは明るい樹林になってきたのは救いだ。ただひたすら下り続けるうち、右に本仁田山方面への道を見ると、❼**大根の山ノ神**に着く。

祠の下を通り、杉や檜の樹林帯に続く山腹道を下っていく。右に本仁田山を眺められる地点を過ぎると、熊野神社からの道が合流し、登山道は左にほぼ直角に折れる。棚沢集落の最奥の民家前で簡易舗装路に出たら、集落内の急坂を下る。JR

本仁田山付近から見た川苔山

青梅線の線路を渡り、左の線路沿いの小路を進めば、❽**鳩ノ巣駅**が現れる。

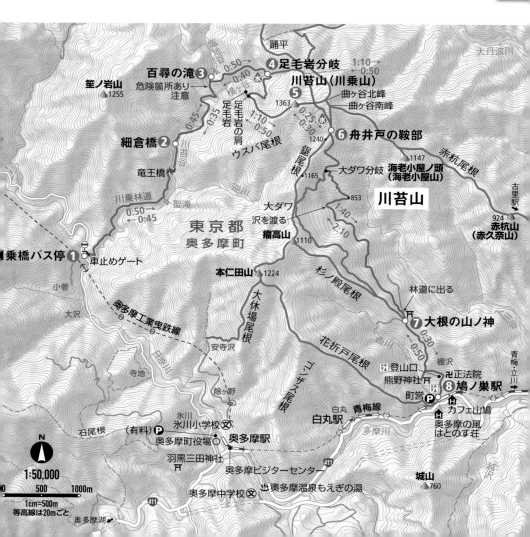

17 花の山里から原生林の峰を越えて

標高 **1224**m

本仁田山
ほにたやま

🥾 奥多摩駅→安寺沢集落→本仁田山→瘤高山→大根の山ノ神→鳩ノ巣駅

本仁田山から瘤高山に続く広葉樹の尾根を歩く

中級	総歩行時間**4時間15分**
初級	総歩行距離**8.8**km
入門	標高差 登り:883m 下り:907m

登山レベル 体力:★★★ 技術:★★

公共交通機関
行き:JR青梅線奥多摩駅　帰り:JR青梅線鳩ノ巣駅

マイカー
圏央道青梅ICから都道63号、国道411号を経由して奥多摩駅まで約26km。駅周辺の有料駐車場を利用。もしくは、鳩ノ巣駅下の町営無料駐車場を利用し、列車で奥多摩駅へ移動。奥多摩駅周辺の駐車台数は少ないので早着を心がけたい。

ヒント
マイカーの場合、週末は非常に混雑するので、JR青梅線沿線の有料駐車場を利用して列車で往復するのもいい。

問合せ先
奥多摩町観光産業課☎0428-83-2295
奥多摩ビジターセンター☎0428-83-2037

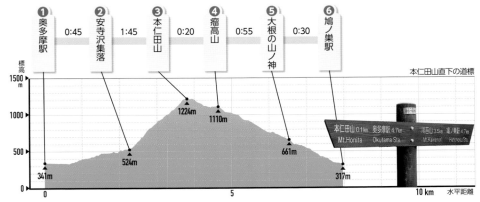

❶奥多摩駅 0:45 ❷安寺沢集落 1:45 ❸本仁田山 0:20 ❹瘤高山 0:55 ❺大根の山ノ神 0:30 ❻鳩ノ巣駅

341m 524m 1224m 1110m 661m 317m

本仁田山直下の道標

72

欄外情報 急な登りが苦手な人は逆コースで歩いてもよい。ただし、逆に下りが急となり、下山時の危険が増すので注意。登り下りともストックを上手に使い、足の疲労軽減やスリップなどに対処したい。

植林と自然林が混じり合った奥多摩らしい大休場尾根を歩く

川苔山の前衛を巡り
山里の信仰を訪ねる

概要 奥多摩駅の北に位置する本仁田山は、奥多摩駅から登って鳩ノ巣駅へと下るアプローチのよさから奥多摩でも人気がある。レベル的には初級の上だが、大休場尾根は奥多摩有数の急登なので、心して登りたい。

コース 山の終着駅の風情を残す❶**奥多摩駅**を降り、駅前広場を右手へ歩き始める。すぐに工場への道を分け左下の多摩川を渡っていく。突き当たりを右折し、舗装道路をひたすら進む。単調な道だが、奥多摩らしい集落を樹間から眺めながらいけば登山口の❷**安寺沢集落**に着く。

民家の脇を抜け、山道へ入っていく。すぐに乳房観音への道を左に分ける。道標には登山安全祈願とある。荷物を置いて50mを往復しよう。登山道はここから杉の植林の道となる。徐々に勾配をあげ、露岩混じりの急登も越えながら一気に尾根を目指して登っていく。急登をジグザグに高度を稼いでいくと、次第に頭上が明るい広葉樹林に変わり、ひと汗かいたところで大休場に出る。花折戸尾根のチクマ山が正面に大きい。この先が本仁田山への最後の登りだ。

大休場尾根を北へ、本仁田山目指して登っていく。はじめは木の根が張り出したゆったりとした斜面だが、次第に急登になり、荒れた露岩も現れ、

手を使って越えていく。次第に左手がコナラやクヌギの広葉樹林となり、さらに急登していく。やがて花折尾根からの道を合わせ、うっそうとした原生林に囲まれた平坦な尾根道をいけば、ほどなく❸**本仁田山**に到達する。樹間からわずかに御岳山方面や関東平野が眺められる。

山頂を後に、まずはカラマツ林の中をやわらかい落ち葉を踏みしめながら北側の斜面をゆるやかに下っていく。広い尾根道をさらにいき、鞍部を過ぎて登り返せば大ダワ、川苔山への道を左に分ける❹**瘤高山**に出る。伐採された防火帯の斜面は展望が開け、御岳山と日の出山が正面に望める。杉ノ殿尾根に沿って南へ、木の根混じりで急斜面の滑りやすい尾根道を下っていく。すぐにゆるやかな尾根になり、振り返ると川苔山も望め、前方に御岳山を眺めながら下っていく。大ダワからの

大休場尾根は紅葉が美しい

立ち寄りスポット

イチョウの巨樹をまつる乳房観音

安寺沢集落から本仁田山への登山道に入ったところに乳房観音の祠がある。1230年頃、安寺沢に住みついた平家の落人が蒔いたイチョウの実が600年後、周囲10mの巨樹になり、2mもの乳根が垂れ下がった。そこで「乳房観音」がまつられ、母乳豊穣の祈願が続けられた。1913年に伐採されたが、切り株から出た2本の芽が現在の大木に成長している。

道が左から合流し、薄暗い雑木林を抜け、ゆったりと下る。すぐに植林帯となり、沢の音も聞こえはじめる。やがて林道が見え、広場へと降り立ち、川苔山からの道と合流する。大木の下にまつられているのが❺**大根の山ノ神**だ。

　鳩ノ巣駅まではあと30分程だ。ゆっくり下ろう。見事な杉の並木を下っていくと、後方に本仁田山が姿を見せる。しばらくして集落を俯瞰し、さらに下れば棚沢集落に出る。あとは民家の間の車道を下り、踏切を渡って左折すれば❻**鳩ノ巣駅**前の広場に出る。

立ち寄りスポット

鳩ノ巣渓谷

鳩ノ巣駅から10分ほどにある多摩川上流の渓谷。吊り橋の鳩ノ巣小橋まで下れば、巨岩・奇岩を縫って流れる渓谷美が満喫できる。周辺には日帰り入浴ができる奥多摩の風 はとのす荘（☎0428-84-7123）もある。入浴料1150円。11時30分〜15時（受付〜14時30分）。不定休。

安寺沢集落で見たモンシロチョウ

55

倉戸山
<small>くらとやま</small>

🏔 倉戸口バス停→温泉神社→倉戸山→女の湯バス停

ミズナラやブナ、ヤマザクラの新緑に包まれた倉戸山の広い山頂

公共交通機関

行き：JR青梅線奥多摩駅→西東京バス（約20分）→倉戸口バス停

帰り：女の湯バス停→西東京バス（約25分）→奥多摩駅

マイカー

圏央道青梅ICから都道63号、国道411号を経由して奥多摩湖まで約33km。登山口付近に駐車場はないので、奥多摩湖畔の駐車場に停めて歩くか、奥多摩湖からバスで倉戸口へと移動する。

ヒント

新宿駅から奥多摩駅間は、特定日のみ「ホリデー快速おくたま号」が運行。ただし青梅駅での乗り換えが必要。

問合せ先

奥多摩町観光産業課☎0428-83-2295
奥多摩ビジターセンター☎0428-83-2037
西東京バス氷川支所☎0428-83-2126

総歩行時間 **3**時間**10**分　中級

総歩行距離 **4.3** km　初級

標高差 登り：**635**m 下り：**631**m　入門

登山レベル 体力：★★　技術：★

---

① 倉戸口バス停	0:15	② 温泉神社	1:40	③ 倉戸山	1:15	④ 女の湯バス停

標高
1500m
534m　631m　1169m　538m
1000
500
0
0　　　　5　　　　10km　水平距離

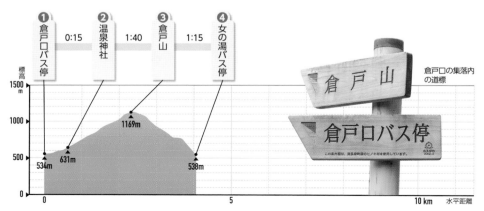

倉戸口の集落内の道標

倉戸山
倉戸口バス停

欄外情報 倉戸山だけでは物足りない場合、奥多摩湖から「奥多摩むかし道」をたどり奥多摩駅まで歩くのも一案。旧青梅街道を行くコースで、途中には往時を偲ぶ道祖神や馬頭観音などが点在する。

奥多摩湖畔から緑あふれる山頂へ立ち
鶴の湯温泉源泉湧く女の湯へと下る

コナラやミズナラなどの明るい森をゆるやかに登っていく

概要 鷹ノ巣山の山上から奥多摩湖へと下る榧ノ木尾根上にある小高い山が倉戸山だ。奥多摩湖の湖岸から3時間あまりで周遊できるハイキングコースだが、急斜面が続くのでマイペースで登りたい。山上はブナやミズナラ、ホオノキなどの広葉樹が気持ちよい木陰をつくっており、森林浴しながらのんびりするのにぴったり。

コース ❶倉戸口バス停で下りたら、トンネル手前から左へと車道を登っていく。振り返ると、奥多摩湖の青い湖面が徐々に低くなり登っていることが実感できる。集落の間を抜け、大きく道がカーブするところで道標に従い、石段を登ると❷温泉神社がある。参拝したらいよいよ登山道を登

倉戸口の登山口にある温泉神社

っていこう。

山道はいきなりの植林帯の急傾斜から始まる。しばらく尾根沿いを行き、途中から電柱に沿って徐々に尾根の右側を進む。一度傾斜がゆるみ、小さな谷筋を越え、ふたたび傾斜をあげていく。植林帯からコナラなど広葉樹の森となる。樹間が開いているため、秋、落ち葉で山道が埋もれると、道が分かりづらくなるので注意。とはいえ、基本的には尾根通しに行けばよい。しばらくすると、左へとカーブし山腹を巻くように進む。何度か大きく折り返して登れば❸倉戸山の山頂に到着する。ミズナラやブナなどに囲まれた広場のようなので気に入った場所でお昼としたい。

下山は道標に従い鷹ノ巣山へと続く道と分かれ、南西へと延びる尾根道を下っていこう。左が植林、右が雑木林に囲まれた尾根道を一気に下っていく。しばらくは単調な下りが続くが、初夏の頃なら、林床にギンリョウソウなどが見られたり

楽しさアップの自然観察

腐性植物のギンリョウソウ

初夏から夏にかけて、林床に白色から銀色の茎を伸ばして花を咲かせる腐性植物の一つ。その名のとおり、銀色の茎の先につける花が竜の頭のように見えおもしろい。葉緑素を持たないため、寄生した菌類などから栄養を得ている。別名「ユウレイタケ」などともよばれている。

楽しさアップの自然観察

初夏のホオノキに注目！

初夏の森を歩く際、注目したい樹木の一つがホオノキ。新緑の頃、やわらかな葉を風車のように広げる姿は特に美しい。長楕円形の葉は長さ20〜40cmもあり、温帯性の落葉樹では最大級の大きさ。花径も15〜20cmあり、国内の自生種では最も大きい。花の甘い香りもよい。

5月上旬、山上に咲いていたヤマザクラ

女の湯バス停に湧く鶴の湯源泉

植林と自然林に囲まれた尾根道を下っていく

して目を楽しませてくれる。

　30分ほどで一度傾斜がゆるくなるが、この先で再び急になるので、適当なところで一度小休止を入れるとよいだろう。さらに急坂を下っていくと樹林越しに奥多摩湖が見えてくる。最後に尾根をはずれ山腹を下っていくと青梅街道に飛び出し❹女の湯(めのゆ)バス停(てい)に到着する。傍らには鶴の湯の源泉が引かれている。

セーフティ・チェック

奥多摩も熊には注意

近年、各地で熊の被害を耳にする。奥多摩でも熊の目撃情報があり、また、熊に遭遇し負傷する事件も起きている。複数で歩いている場合は、熊も人の存在をいち早く察知してくれるが、単独行では出会い頭の危険性が高まる。熊の危険を喚起する山域では熊除け鈴を鳴らしたり、ホイッスルを吹くなど、自分の存在を示しながら行動したい。

N

1:50,000

500　1000m

1cm=500m
等高線は20mごと

東京都
奥多摩町

•1013

峰谷川

下り
峰谷

峰谷

留浦

普門寺　雲風呂
いぬく

△1075

加茂神社

鳩沢

留浦

鴨沢

小留浦

留浦

深山橋

川野

深山橋
三頭橋
139

陣屋

麦山麦山の浮橋

小河内神社前

小河内神社

峰谷橋

峰谷橋

鶴の湯温泉
源泉

坂本トンネル

坂本
•817

❸～❹間
道迷いに注意

倉戸山

倉戸山
1169

❸

急坂に
注意

尾根をはずれ
山腹を下る

1:40　1:15

1:15　1:40

室沢トンネル

411

❹
女の湯
バス停

温泉神社

奥多摩湖

•804

鷹ノ巣山

楢ノ木尾根

湖底の故郷の碑

989

水と緑のふれあい館

広い山頂

水根

中山トンネル

奥多摩むかし道

奥多摩駅

山腹を巻いていく

大麦代トンネル

広い尾根道を
行く

P

奥多摩湖

小河内
ダム

原

大麦代
展望台

熱海

P

❷

0:15

民宿
小河内荘

❶

0:10

倉戸口バス停

御前山

19

標高差1000m以上と手ごわいが魅力的な展望の山へ

標高 **1737** m

鷹ノ巣山
たか　の　す　やま

中日原バス停→稲村岩のコル→鷹ノ巣山→倉戸山分岐→六ッ石山→水根バス停

石尾根から振り返った鷹ノ巣山の山頂

中級	総歩行時間 **6時間35分**
初級	総歩行距離 **11.9**km
入門	標高差 登り：**1120**m 下り：**1205**m

登山レベル 体力：★★★
技術：★★

公共交通機関
行き：JR青梅線奥多摩駅→西東京バス（約25分）→中日原バス停 ※土日祝は全便東日原止まり。中日原バス停までは徒歩3分。／帰り：水根バス停→西東京バス（約15分）→奥多摩駅

マイカー
圏央道青梅ICから都道63号、国道411号、都道204号（日原街道）などを経由して東日原まで約35km。集落手前に日原鍾乳洞臨時駐車場（有料）あり。下山は稲村岩尾根コースを戻ることになる。

ヒント
マイカーの場合は奥多摩駅近くの有料駐車場に停めてバスを利用すれば縦走が楽しめる。トイレは東日原バス停にある。

問合せ先
奥多摩町観光産業課☎0428-83-2295
奥多摩ビジターセンター☎0428-83-2037
西東京バス氷川支所☎0428-83-2126

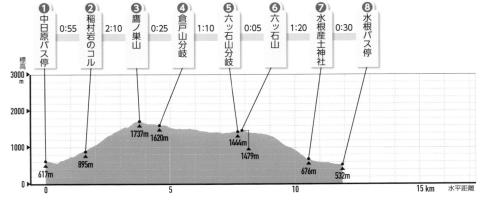

❶ 中日原バス停 —0:55— ❷ 稲村岩のコル —2:10— ❸ 鷹ノ巣山 —0:25— ❹ 倉戸山分岐 —1:10— ❺ 六ッ石山分岐 —0:05— ❻ 六ッ石山 —1:20— ❼ 水根産土神社 —0:30— ❽ 水根バス停

標高 3000m / 2000 / 1000 / 0

617m　895m　1737m　1620m　1444m　1479m　676m　532m

5　10　15 km　水平距離

欄外情報 本コースは鷹ノ巣山のメインコースとして人気が高いが、ここ数年、台風の影響によって通行止めが続いている。コラム（P79）を参照し、別コースからの登頂も検討したい。

石尾根中央に位置する展望の山
標高差のある充実の縦走コース

概要 奥多摩最高峰の雲取山から東へ延びる石尾根の中間に位置する鷹ノ巣山。第一級のすばらしい展望が得られる秀峰だが、どのルートを選んでも急坂続きで気力と体力が要求される。ぐんぐんと高度を上げていく稲村岩尾根のルートから登れば、ぱっと開ける山頂からの展望がひときわ感動的だ。

コース 日原鍾乳洞行きバスなら中日原で下車、東日原行きバスなら終点で下車する。この2つのバス停は歩いても数分の距離で、トイレは東日原バス停側にある。前方には目立つ岩峰が集落を見守るようにそびえ立つ。これが稲村岩だ。
　①中日原バス停から鍾乳洞方面へ進むと数分で稲村岩尾根への登山口があり、民家の脇から日原川へと下りていく。巳ノ戸橋を渡ると、すぐに急登が始まる。堰堤を越えてしばらく沢沿いを進む。木橋を渡り、沢から離れて右岸の斜面を九十九折に登っていくと**②稲村岩のコル**とよばれる鞍部に出る。左の岩場をたどっていくと稲村岩の山頂に

鞍部から稲村岩尾根を見上げる

出られるので、時間に余裕があれば寄ってみたい。ただし往復約30分の岩歩きだ。登りよりも下りの際に注意が必要で、あくまでも慎重に。コルまで戻ってきたらひと休みして、稲村岩尾根にとりかかろう。
　この尾根はただひたすらと登りが続く。つらくなってきたら美しいブナ林に目をやり、呼吸を整えながら歩みを進めよう。狭い尾根を登ること約1時間30分で、休憩に適した平坦地に出る。ここはヒルメシクイのタワとよばれる場所で、名前

鷹ノ巣山の登山口に立つ稲村岩

サブコースチェック

下山ルートが豊富な鷹ノ巣山

●本文で紹介した六ツ石山から水根集落に下るコースのほか、鷹ノ巣山にはいくつもの下山コースがある。
●奥多摩駅に直接、下ることのできる長大な石尾根の縦走は体力に自信のある人向けのハードコース。鷹ノ巣山から奥多摩駅まで5〜6時間かかるので、日没の早い秋・冬は避けたい。
●水根山から奥多摩湖へと南下する尾根が榧ノ木尾根コース。途中、榧ノ木山と倉戸山という2つのピークを越えて、倉戸口バス停までは3時間前後。
●鷹ノ巣山避難小屋から南面の奥集落に下るのが浅間尾根コースで、登山道としては最短の道。ただ、奥集落からさらに南下した峰谷バス停から奥多摩駅行きのバス便は全日夕方1本のみ。
●奥多摩全般にいえることだが、登山道はいずれも急峻で、下山には細心の注意が必要だ。

アップダウンのある石尾根を歩く

ミツバツツジ咲く新緑の石尾根

のとおり腰を下ろして休める場所だ。ブナやミズ
ナラの巨木を眺めながら小休止しよう。山頂まで
はもうひと頑張り。あと30分ほどの登りだ。た
とえゆっくりでも一歩一歩、頂きに近づいていく
さまはまさに登山の醍醐味だ。

　樹林を抜けると、突然❸鷹ノ巣山の山頂に飛び
出る。南面が大きく開けた山頂からは、富士山、
大菩薩連嶺、南アルプスの大展望がパノラマとな
って広がっている。心ゆくまで展望を楽しんだら
石尾根を東側へ向かおう。このあたりの尾根は防
火帯とよばれる広い草原状になっており、両脇に
ある季節の草花が目を楽しませてくれる。春先は
山菜の宝庫だ。山頂から20分ほど下ると❹倉戸
山分岐に出るが、今回は倉戸山へは下らずこのま
ま石尾根を進む。

　途中ゆるやかなアップダウンを繰り返し、城山
を越えると急坂になる。下り立ったところで水源
林道とよばれる石尾根南面を通るトレイルに合流
する。平将門伝説の残る将門馬場を通り過ぎ、さ

らに東へ進むと❺六ッ石山分岐に出る。道を折り
返すようにして5分ほど上ったところが❻六ッ石
山だ。丸く広々とした草原の山頂からは御前山や
大岳山が見える。

　六ッ石山からは水根集落まで一気に下ることに
なるので、足元を今一度確認しよう。檜の植林帯
に入ると、かなり急な箇所があり滑りやすい。冬
場など、凍っている時期に下る場合は特に注意が
必要だ。ここはあせらずゆっくりと下りていこう。

山小屋情報

登山者の強い味方、避難小屋

鷹ノ巣山から七ッ石山方面へ30分ほど下った
ところに鷹ノ巣山避難小屋がある。立派な造り
の小屋で、清潔に保たれている。小屋前にはベ
ンチがあり座ってのんびりできる。思わず泊ま
りたくなってしまう山小屋だ。また、枯れるこ
とのない水場が小屋から東の浅間尾根方面へ約
200mのところにある。きれいなトイレもあ
るので女性には強い味方。日帰り登山でも天候
が急変したときなどに積極的に利用したい。

石尾根に咲いていたマルバダケブキ

気が抜けない急坂が続き、道が九十九折になる
と**⑦水根産土神社**に出る。「うぶすなさま」とよ
ばれ江戸時代から地元の住民から親しまれている
山の神様だ。

神社を越えると眼下に奥多摩湖が広がる。登山
道から林道に飛び出ると水根集落がある。真下に
ある奥多摩湖まですぐ近くのように思われるが、
遠回りするような林道歩きがまだ20分ほど続く。
大麦代トンネルの手前で青梅街道に出れば**⑧水根
バス停**はすぐそこだ。

セーフティ・チェック

熊除け鈴と虫対策を

日原側は熊・猿・鹿と動物が多く生息。熊と遭
遇しないためには、早くから自分の存在をアピ
ールすることだ。単独の場合、常に音のなるも
のを携帯して万が一に備えたい。また夏場の稲
村尾根はアブ、蚊など
の虫も多い。夏には虫除
けスプレーと虫刺され軟
膏などが必需品だ。

重厚な山容が印象的な奥多摩湖の南東にそびえる名山

標高 **1405** m

御前山
<small>ご ぜん やま</small>

奥多摩湖バス停→サス沢山→御前山→湯久保尾根分岐→トチノキ広場→境橋バス停

奥多摩湖対岸の山腹より見たダム堰堤の先に続く大ブナ尾根と御前山

中級	総歩行時間 **5時間30分**
初級	総歩行距離 **10.9**km
入門	標高差 登り:**875**m 下り:**1040**m
	登山レベル 体力:★★★ 技術:★★

公共交通機関
行き:JR青梅線奥多摩駅→西東京バス（約15分）→奥多摩湖バス停
帰り:境橋バス停→西東京バス（約5分）→奥多摩駅

マイカー
圏央道青梅ICから国道411号経由で奥多摩湖まで約33km。湖畔に大きな無料駐車場がある。車の場合は境橋からバスで奥多摩湖へ戻る。

ヒント
新宿駅から奥多摩駅間は、特定日のみ「ホリデー快速おくたま号」が運行。ただし青梅駅での乗り換えが必要。マイカーの場合、県道206号月夜見駐車場からの登路が最短で、山頂まで約2時間。

問合せ先
奥多摩町観光産業課☎0428-83-2295
奥多摩ビジターセンター☎0428-83-2037
西東京バス氷川支所☎0428-83-2126

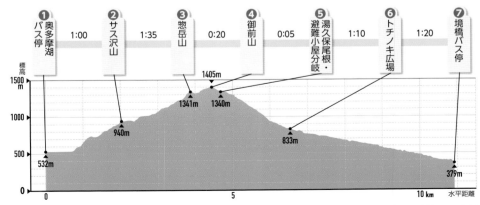

① 奥多摩湖バス停 | 1:00 | ② サス沢山 | 1:35 | ③ 惣岳山 | 0:20 | ④ 御前山 | 0:05 | ⑤ 湯久保尾根分岐・避難小屋分岐 | 1:10 | ⑥ トチノキ広場 | 1:20 | ⑦ 境橋バス停

標高 1405m

1341m　1340m

833m

532m

940m

379m

標高 m / 水平距離 km

欄外情報 2023年11月現在、下山路のトチノキ広場〜栃寄沢登山口間の沢沿いの登山道が木橋の崩壊により通行止めのため、トチノキ広場からそのまま林道を下って栃寄沢登山口に向かうことになる。

奥多摩湖から大ブナ尾根をたどり山頂へ
下山は体験の森を抜けて栃寄沢を下る

概要 三頭山、大岳山とともに奥多摩三山に数えられる御前山は、ゆったりとしたピラミダルな山容で周囲の山から目を引く。山上は木々に囲まれているが、春にはカタクリが咲き、直下の展望地からは樹間に富士山や雲取山も望める。山上へは四方から登山道が延びているが、ここでは最も一般的な奥多摩湖から大ブナ尾根を登り、栃寄沢沿いを下るコースを紹介しよう。

コース ❶奥多摩湖バス停を降りると、小河内ダムの上にひときわ大きく広がっているのが御前山だ。湖畔沿いを左へ進むとダムの管理事務所とそばにトイレがある。登山口へはダムの堰堤上をたどり対岸へと進む。堰堤を渡り切ると藤棚やツツジなどが植栽された小広場がある。この左奥に御前山への登山口はある。山道に入ってすぐ右へと登ったところに観光用の展望広場、少し先に頂上広場があり、それぞれ奥多摩湖を見下ろすことができる。

山頂への道はいきなりの急登で始まる。途中、ちょっとしたロープ場があり、それを抜けると一度ゆるやかに下っていく。しばらくはモミと広葉樹が混ざった尾根道を緩急つけながら登っていく。大ブナ尾根の名前のとおり、尾根筋にはところどころにブナが梢を伸ばしている。しばらくすると、檜の植林帯へと入っていく。ここから、さ

その名のとおりブナが梢を伸ばす大ブナ尾根

らにひと登りでカメラ監視塔が設置されている❷サス沢山に到着だ。監視塔の前からは眼下に真っ青な奥多摩湖が見下ろせる。

ひと息入れたら出発しよう。ゆるやかに登ってから一度下っていく。再び登りが始まりしばらくすると山道は右へとカーブしながら登っていく。初夏の頃は林床にギンリョウソウがけっこう見られる。岩混じりの道を抜けるとゆるやかな広い尾根道となる。山道沿いにはブナやイヌブナ、ミズナラ、ハウチワカエデなどが枝を広げており、新緑の頃はなんとも気持ちがよい。

岩が露出した箇所を過ぎ一度小さく下ると、丸い山容の惣岳山が見えてくる。再び登りとなり、最後に階段道をひと登りすれば小河内峠からの道

初夏に赤い翼果をつけるハウチワカエデ

セーフティ・チェック
コースタイムはあくまで目安に

近年は道標の整備が行き届き、行き先のほかに距離や歩行時間まで示されているものもある。しかし、歩行ペースは人によってまちまち。意外にも、登りよりも下りにタイム差が出やすい。膝痛を抱えていたり、滑りやすい斜面では、標準タイムを大幅に上回ることもある。あくまでコースタイムは目安と考え、余裕をもって行動するよう心がけたい。

サス沢山から眼下に奥多摩湖を見下ろす

と合流して❸惣岳山となる。山頂は樹林に囲まれあまり展望はないが、ベンチがあり休憩にはちょうどよい。ここから御前山へは600m。道標に従い植生保護のための柵にはさまれた山道を一度下ってから登り返す。さらに、シカによる植生調査をしている鹿除け柵もある。山頂の手前300mでは北側の展望が開けており、雲取山から鷹ノ巣山、石尾根が見渡せる。さらに、山頂直下のコブからは富士山を一望。山頂よりもこの2カ所のほうが展望がきくので、十分楽しんでいきたい。

ここから山頂へはほんのわずか。山道の上にカラマツの梢が見えてくれば、その下が❹御前山の山頂だ。樹林に囲まれてあまり展望はないが、ベンチやテーブルも多く設置されており、ゆっくり休むことができる。

下山は階段道を下っていくとすぐに❺湯久保尾根・避難小屋分岐だ。ここを左に行けば御前山避難小屋がある。あとは、ジグザグに一気に下って

春の山上に咲くカタクリ

楽しさアップの自然観察

巨木になるトチノキ

栃寄沢の沢沿いなどではトチノキが見られる。見分けポイントは長い葉柄の先に5～7枚の小葉を大きく展開する掌状複葉。小葉は最大40cmにもなる。寿命も長く、大きなものは幹が直径2mにもなる。初夏には円錐状に集まった白い花を咲かせ、秋にはクリのような丸い実ができる。

御前山直下から雲取山方面を一望する

林道から見下ろした栃寄大滝

いく。雨の後などはけっこう滑りやすいのでスリップに注意しながら下りたい。また、体験の森へと入っていくと「湧水の広場」や「カラマツの広場」などの散策コースがいくつも交錯するので、道標を見落とさないようにしたい。

山道が終わり林道に出たら、あとは道なりに行く。じきに**❻トチノキ広場**がある。その名のとおり、直径2m近い見事なトチノキが枝を広げている。また、広場の下方からは、右にゴハンギョウの滝が見える。広場を後にし、通行止めの栃寄大滝経由の登山道を右に見て、そのまま林道を下って栃寄沢登山口へ。さらに車道を下ると国道上の**❼境橋バス停**に到着する。

21 ゆるやかな尾根下りが楽しい静かな森コース

標高 **794** m

（麻生山）

麻生山・金比羅山

🥾 白岩滝バス停→日の出山・金比羅山分岐→麻生山→幸神分岐→金比羅山→武蔵五日市駅

金比羅山への途中からヤマザクラ咲く麻生山を振り返る

中級	総歩行時間**4時間**
初級	総歩行距離**11.9**km
入門	標高差 登り：**487**m 下り：**606**m

登山レベル　体力：★★
　　　　　　技術：★

公共交通機関

行き：JR五日市線武蔵五日市駅→西東京バス（約15分）→白岩滝バス停
帰り：武蔵五日市駅

マイカー

圏央道あきる野ICから都道7号を経由して武蔵五日市駅まで約6km。駅前に約150台収容の大型民間駐車場がある。

ヒント

つるつる温泉・松尾行きのバスは平日、

土日祝とも1時間に1本程度。タクシーを使えば雨乞橋の手前まで入れる。

問合せ先

あきる野市観光まちづくり推進課
☎042-558-1111
西東京バス五日市営業所☎042-596-1611
横川観光（タクシー）☎0120-489-083
リーガルキャブ。（タクシー）
☎042-550-2712
京王自動車（タクシー）☎042-596-1711

---

❶ 白岩滝バス停　0:25
❷ 白岩滝　1:00
❸ 日の出山・金比羅山分岐　0:10
❹ 麻生山　0:05
❺ 日の出山・金比羅山分岐　0:30
❻ 幸神分岐　1:10
❼ 金比羅山　0:40
❽ 武蔵五日市駅

標高
1500 m
1000
500

307m
415m
723m
794m
723m
650m
468m
188m

0　　　　　　5　　　　　　10　　　15 km　水平距離

金比羅山のヤマツツジ

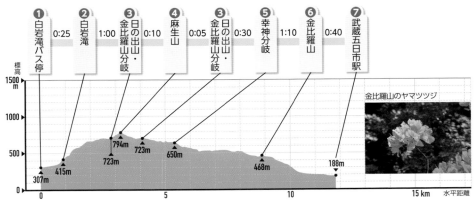

欄外情報 JR青梅線側から御岳ケーブルカーを使って御岳～日の出山～麻生山～つるつる温泉と歩くのも楽しい。
生涯青春の湯 つるつる温泉（☎042-597-1126）は武蔵五日市駅行きバスの発着地にもなっている。

滝を眺めながら沢筋の道を登って頂へ
なだらかで歩きやすい尾根を駅へと下る

概要 樹林に包まれた尾根歩きが楽しいコース。麻生山から金比羅山へと続く尾根は距離こそあるものの、傾斜がゆるやかでアップダウンも少なく歩きやすい。静かな山歩きを堪能できることだろう。尾根や山腹を彩るヤマザクラ、ヤマツツジ、スミレなどの見頃は4月。また、金比羅山の琴平神社では4〜5月にかけて、数多くのサクラやツツジが咲き誇る。

コース ❶白岩滝バス停から左に入る林道をゆるやかに登る。公衆トイレを過ぎ、林道が大きく左にカーブするところから正面の登山道に入る。道はすぐに雨乞橋を渡り、ほどなく❷白岩滝の滝音が聞こえてくる。滝の手前には木橋があるが、これは滝見物用のもので、登山道は右手斜面に続いている。いくつもの滝を眺めながら沢沿いの道を行くと最初の林道に出るので、ここは左に。林道を30mほど歩いて麻生山東尾根経由の道を左に分け、再び沢沿いに続く登山道に入る。

　沢沿いの道はやがて終わり、ひと登りで麻生平とよばれる小広い場所に出る。正面に日の出山が望める展望地だ。一瞬だけ林道を歩き、道標に従って左の植林帯に入る。道は山腹をトラバースするように続き、いつしか尾根に出る。ここが❸日の出山・金比羅山分岐で、右は日の出山へのコー

開けた場所で展望を楽しむ登山者たち

ス、左は麻生山を巻いて金比羅山へと続く本コースだ。だがまずは、左に鋭角に曲がって麻生山を往復してこよう。10分とかからずに❹麻生山に立つことができるはずだ。

　麻生山の山頂はかつて、樹林に包まれ展望はほぼなかったが、現在は東側の展望が大きく開けている。ベンチもあり、いい休憩場所になった。なお、山頂からは来た道と反対側（南側）にはっきりした道がついていて、分岐まで戻ることなく本コースに合流できるが、非常に急で険しい。初級者レベルでは踏み入らないのが無難だ。

　日の出山・金比羅山分岐に戻ってからの尾根道は距離が長い分、ゆるやかな下りが続く。登り返しもほとんどない。展望はあまり開けないが、気分のいい道だ。分岐から30分ほどで❺幸神分岐。ここは右を行く。左の幸神方面は一見、明瞭だが、

白岩滝の横に登山道が延びる

立ち寄りスポット

五日市郷土館

五日市高校に隣接し、五日市地域の里や川の暮らしにまつわる民具、市内で発見された世界的にも貴重といわれる海獣の化石などを展示する。市指定有形文化財の旧市倉家住宅も隣接して立つ。☎042-596-4069。入館無料。9時30分〜16時30分。月曜休。

初級者向きの道ではない。

　疲れを感じることなく、のんびり下る。あじさい山への分岐、横根峠・養沢への分岐を通り過ぎ、林道を橋で横断すれば、道はやがて深い杉林に入る。ここはすでに❻**金比羅山**の一角だが、最高点は通過せずに、道は琴平神社へと導かれる。春にはヤマザクラやツツジが咲き誇る神社にはベンチやトイレもあり、一段下の展望所からはあきる野市街や都心の高層ビル群が見渡せる。この神社から五日市市街は近い。住宅地に出たら、道標に従って❼**武蔵五日市駅**へと歩こう。

新緑のゆるやかな尾根歩きが楽しい

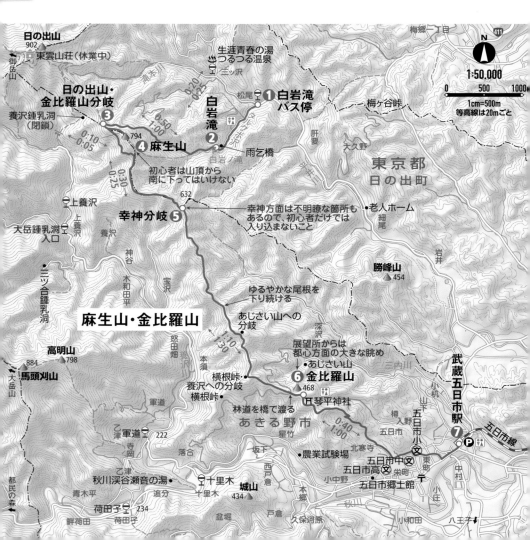

春は花いっぱい。手軽に歩ける2つの低山

弁天山・城山

武蔵増戸駅→弁天山→城山→小峰ビジターセンター→武蔵五日市駅

春はツツジやサクラに彩られる弁天山山頂

公共交通機関

行き：JR五日市線武蔵増戸駅　帰り：JR五日市線武蔵五日市駅

マイカー

圏央道日の出ICまたはあきる野ICから駐車場のある武蔵五日市駅まで約6km。駅前に約150台収容の大型民間駐車場が、また駅周辺に数カ所の民間駐車場がある。行楽シーズンの土・日曜や祝日は朝から満車になることもあるので、早め

の到着を心がけよう。

ヒント

小峰公園から武蔵五日市駅までは八王子駅〜武蔵五日市駅間の路線バスもある。小峰公園バス停はビジターセンター入口にあり、平日、土日祝とも昼間は1時間に1本程度運行。

問合せ先

あきる野市観光まちづくり推進課☎042-558-1111
西東京バス五日市営業所☎042-596-1611

総歩行時間**2時間10分**　中級

総歩行距離**5.6km**　初級

標高差 登り：156m　入門
　　　 下り：143m

登山レベル 体力：★
　　　　　 技術：★

① 武蔵増戸駅 0:30
② 弁天山登山口 0:20
③ 弁天山 0:20
④ 城山 0:20
⑤ 城山登山口 0:15
⑥ 小峰ビジターセンター 0:25
⑦ 武蔵五日市駅

標高
1500m
1000
500

175m　198m　281m 331m　196m 206m　188m

0　　　　　　5　　　　　　10km　水平距離

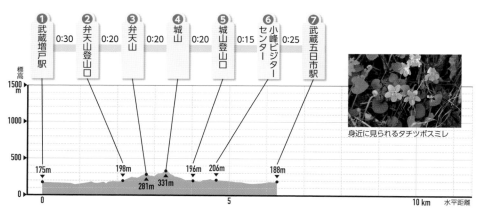

身近に見られるタチツボスミレ

欄外情報　武蔵五日市駅から逆コースを歩いても時間的、体力的な差はないが、城山への登り口がわかりづらいので、特にビギナーや家族連れの場合はここで紹介したコースどおりに歩いたほうがいいだろう。

弁天山・城山

整備された歩きやすい山道だが
城山の登り下りはスリップに注意

概要 紹介した弁天山一帯は網代弁天山公園ともよばれ、ビギナーでも不安なく歩き通せる里山コースになっている。春にはミツバツツジや野の花があちこちに咲き、新緑も美しい。弁天山からは空気の澄んだ日、筑波山や都心方面も見渡すことができる。歩きやすい道だが、城山の登り下りの急坂ではスリップに注意しよう。

コース ❶武蔵増戸駅を出て、正面の道を南西方向へとゆるやかに下る。広い道路に突き当ったら左折。その先の信号で道路の反対側に渡り、進行方向（南）に向かって道路の右側歩道を歩くようにする。すぐに山田大橋が見えてくるので、橋を渡ってから「網代トンネル北」信号を右折。右折後すぐにまた右折し、50mほど下って左手の細い道に入る。歩行者用の弁天橋を渡った先で他の道路と合流してから直進すれば、弁天山への道標が左に現れる。ここを左折すれば左に公民館の網代会館が立ち、右前方に赤い鳥居が見えてくる。ここが❷弁天山登山口だ。

なお、以前は山田大橋の手前を右折し、網代橋を渡ってアプローチしていたが、網代橋は現在、通行止めで、復旧のめどは立っていない。

小規模な棚田が横にある鳥居をくぐって石段を登る。石段を終え、ゆるやかに登ると道は二分する。右はそのまま弁天山に至る道、左は貴志嶋神社を経由する道だ。左の道を選べばほどなく貴志嶋神社で、ここから弁天山への登りが始まる。弁天洞穴を過ぎて右手に直登コース（急坂）を見送り、弁天山の南西面をぐるっと回り込むように登った先が❸弁天山の山頂。東面の展望が開け、東京スカイツリー®なども望める。

弁天山からは登ってきた道を途中まで下り、神社からの道は左に見送ってまっすぐに下る。すぐに分岐の道標が現れるので、左へと鋭角に曲がる。いったん下って急坂を登り返せば、かつて網代城があったといわれる❹城山だ。広い山頂は樹木に囲まれ展望は開けない。

登山道入口に立つ貴志嶋神社の鳥居

弁天山へは穏やかな山道が続いている

耳よりコラム

網代城跡

農山村の地侍たちが自営権力として武装集団を成立させていた15世紀のなかごろ、その地侍たちによって使われていたといわれる。その後、八王子の滝山城に入った戦国大名の北条氏照によって武装集団は解体され、滝山城の支城になったと考えられている。

山頂からは木段の急坂を下る。木段や路面が濡れている時はスリップに注意しよう。まもなく畑が現れ、民家の立つ舗装路を下るようになる。下りきった丁字路が❺**城山登山口**で、小さな道標が置かれている。ここを右折し、広い道路を渡ったら次の丁字路を左折。天王橋を渡った先の左の階段を登れば前山公園の一角で、眺めのいい道を歩けば小峰公園にある❻**小峰ビジターセンター**はもうすぐ。センター前の広い道を北進すれば、30分弱で❼**武蔵五日市駅**だ。

武蔵五日市駅への途中から振り返った城山

城山下から見た大岳山（右）と馬頭刈山（左）

立ち寄りスポット

小峰ビジターセンター

都立秋川丘陵自然公園のほぼ中心にある小峰公園（小峰ふれあい自然郷）のセンターハウス。公園周辺の自然解説や野外レクリエーションの案内などさまざまな活動を行っている。小峰公園には湧き水を利用した湿生植物園や桜並木などがある。☎042-595-0400。入館無料。9時～16時30分。月曜休。

弁天山・城山

1:25,000

1cm=250m
等高線は10mごと

伝説の山道から夕やけ小やけの里へ

標高 **687** m
(刈寄山)

今熊山・刈寄山

今熊山登山口バス停→今熊山→刈寄山→入山峠→トッキリ場分岐→関場バス停

刈寄山の山頂からは都心への展望が開ける。傍らにはあずまやもある

中級	総歩行時間 **5時間25分**
初級	総歩行距離 **10.7**km
入門	標高差 登り：**458**m 下り：**431**m
登山レベル	体力：★★ 技術：★

公共交通機関

行き：JR五日市線武蔵五日市駅→西東京バス（約10分）→今熊山登山口バス停
帰り：関場バス停→西東京バス（約30分）→JR中央本線・京王高尾線高尾駅

マイカー

登山口、下山口の列車・バス路線がともに違うためマイカー登山には向かない。車の場合は今熊神社より往復登山となる。

ヒント

起点の今熊山登山口バス停へは、京王八王子駅やJR八王子駅北口からもアクセスできる（西東京バス・約45分）。

問合せ先

あきる野市観光まちづくり推進課 ☎042-558-1111
八王子市観光課 ☎042-620-7378
八王子観光コンベンション協会 ☎042-649-2827
西東京バス五日市営業所 ☎042-596-1611
西東京バス恩方営業所 ☎042-650-6660

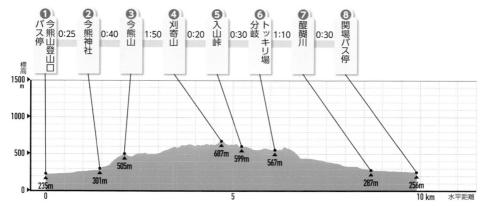

① 今熊山登山口バス停 — 0:25 — ② 今熊神社 — 0:40 — ③ 今熊山 — 1:50 — ④ 刈寄山 — 0:20 — ⑤ 入山峠 — 0:30 — ⑥ トッキリ場分岐 — 1:10 — ⑦ 醍醐川 — 0:30 — ⑧ 関場バス停

標高 1500m / 1000 / 500 / 0m
235m　301m　505m　687m　599m　567m　287m　256m
0　　　　　5　　　　　10 km　水平距離

欄外情報　武蔵五日市駅から今熊山登山口バス停へのバス便は1時間に1本と少ない。人数が揃えばタクシーの利用がおすすめだ。タクシーだと今熊神社まで約10分、2000円前後。

尋ね人探しの信仰の道をたどり
童謡のふるさとを訪ねる

概要 尋ね人探しの山として崇められてきた今熊山。隣の刈寄山は戸倉三山のひとつとして登山者に人気の山だ。その2つの峰を越え、市道山（いちみち）へと続く峰見通りの尾根に入れば、低山とは思えない奥多摩の山の深さが体感できる。古道の山道から童謡「夕焼け小焼け」が生まれた山里へと、ひと味違った山旅を楽しもう。

刈寄山山頂下のあずまや

コース ❶**今熊山登山口バス停**で下車し、五日市方面へ戻ってトンネル手前を左折していく。のどかな雰囲気の山里の道には「いまぐま山みち」と刻まれた古い石柱も立つ。歴史の古さを感じつつ進んでいき、金剛の滝への道を右に分けていくと、❷**今熊神社**の大鳥居の前に出る。今熊神社は1500年ほど前から尋ね人の祈祷で知られ、「よばわり山」といわれて崇められてきた。1942年に焼失し、ここに遥拝殿が建てられたが、今も本殿は山頂に鎮座する。神社の説明書きによれば、行方不明の安閑天皇妃がこの神社の祈祷によって消息をつかめたとある。

拝殿を左に見ながら山道へ入り、古くからの参道の趣を感じつつ登っていく。4月にはこの一帯にミツバツツジと桜が咲き競う。しばらく杉の大木の間を登っていくと、五日市市街が見下ろせる広場に出る。広場の先で木に吊るされた御幣を抜け、杉の根が張り出した道を登ると、あずまやとトイレがある展望所に出る。小休止して、この先の分岐からひと登りすると❸**今熊山**に着く。狛犬が立つ石段をあがると、広い敷地の奥の石垣に今熊神社の本殿が鎮座している。

分岐へ戻り、右へ刈寄山・市道山方面へと進む。しばらくゆるやかにアップダウンを繰り返し、刈寄山巻き道が左に分かれる。どちらの道をとってもすぐ先で合流する。ここは平坦な左の巻き道へ進む。静かな植林の道を行き、木段や木の根の緩急の登りを繰り返すと、左へ市道山方面への道を

分け、さらにいくと刈寄山への分岐になる。小ピークを越えてひと登りすると、あずまやの先の❹**刈寄山**山頂に出る。あずまやからは臼杵山方面が望め、ひと休みするのにいいだろう。

分岐へ戻り、市道山方面へ下る。小ピークを登り返してもいいが、右の巻き道へ進み、林道沿いに行けば車道が交差する❺**入山峠**に出る。右に五日市の沢渡橋、左に醍醐川への車道（盆堀林道）を分け、トッキリ場へは車道を下らず、正面の土留めの右手から尾根道に上がる。

峰見通りの尾根に出たらトッキリ場方面へと進み、しばらくすると市道山・臼杵山・陣場高原方面への縦走路を右に分ける❻**トッキリ場分岐**に出る。この先一帯がトッキリ場といわれていて、今

セーフティ・チェック

入山峠の分岐に注意！

入山峠（写真）は林道と山道が交差する峠。こうした峠では必ず道標や地図でルートを確認することが大切だ。極度の疲労や、逆にある程度山慣れしてくると、つい注意を怠り、正しい道を見落とし他のルートへ進んでしまうことがある。入山峠では、林道を下らず正面の尾根に入る。また、トッキリ場への標識はあるが場所が特定されていないので注意。

今熊山・刈寄山

入山峠付近から刈寄山を望む

今熊山へは古道のような趣が続く

林床に咲くオカトラノオ

のところはっきりとした標識がない。かつてこの
あたりでは鳥網猟が行われ、鳥切り場とよばれて
いた。この先で再び市道山への道を分けるが、時間
が許せば、分岐に荷物をデポして市道山への縦走
路を往復するのもおもしろい。低山とは思えぬ奥
多摩の山の奥深さが感じられ、楽しい尾根歩きが
できるだろう。刈寄山との植生の違いも感じられる。

　分岐からは標識に従って森久保・関場方面へと
下っていく。ひと下りすると右下に林道が見え、
カーブミラーが立つ車道に出る。この先の道は滑
りやすく、特に下りが苦手であれば入山峠からの

サブコースチェック

エスケープルートと市道山縦走

悪天候の時や非常時には入山峠から左の盆堀林
道に入り、醍醐川へ下るといいだろう。市道山経
由でヨメトリ坂を笹平バス停へ下る縦走コース
はアップダウンの多い健脚向き（2023年11月
現在、通行止め）。市道
山から吊尾根経由で醍醐
川へ下る道は、現在、廃
道になっている。

車道に出たほうがいいだろう。少々林道の歩行距離が長くなるが、こちらのほうが無難だ。

後はひたすらアスファルトの道を下り、⑦醍醐川に着いたら左折し、さらに車道を下っていく。やがて陣場高原からのバス道が右手から合流し、⑧関場バス停に着く。すぐ先に「夕やけ小やけふれあいの里」があるので、時間が許せば見学していこう。園内には、温泉ではないが日帰り入浴できる「おおるりの家」もある。入浴するだけであればバス通りを進み、宮の下バス停手前の「おおるりの家」に直接行くほうがいいだろう。

立ち寄り湯

おおるりの家

夕やけ小やけふれあいの里内の宿泊施設で、日帰り入浴ができる。☎042-652-3072。入浴料500円。13時〜16時30分。ふれあいの里では中村雨紅が作詞した童謡「夕焼け小焼け」の資料のほか、恩方出身の前田真三の写真も展示。入園200円。9時〜16時30分（変動あり）。

山里と山里を結んで奥多摩のたおやかなピークへ

標高 **890**m

浅間嶺
せんげんれい

👟 払沢の滝入口バス停→時坂峠→浅間嶺→人里峠→人里バス停

新緑のなかにヤマザクラが咲く浅間嶺

中級	総歩行時間**3**時間**10**分
初級	総歩行距離**7.7**km
入門	標高差 登り：**615**m 下り：**406**m

↑ 登山レベル 体力：★ 技術：★★

公共交通機関
行き：JR五日市線武蔵五日市駅→西東京バス（約25分）→払沢の滝入口バス停
帰り：人里バス停→西東京バス（約40分）→武蔵五日市駅

マイカー
圏央道あきる野ICから国道411号、都道7・33・205号経由で約15kmの払沢の滝園地駐車場を利用。都道205号に入ってすぐの「檜原とうふ」の看板が立つ三叉路で左へ。　※人里からのバスは一部、払沢の滝入口を経由。

ヒント
往路のバスは払沢の滝入口行きのほか、小岩や藤倉行きも利用可能。数馬行きのバスも一部、払沢の滝入口を経由。平日と土日祝ではダイヤが変わるので注意。

問合せ先
檜原村産業環境課☎042-598-1011
西東京バス五日市営業所☎042-596-1611

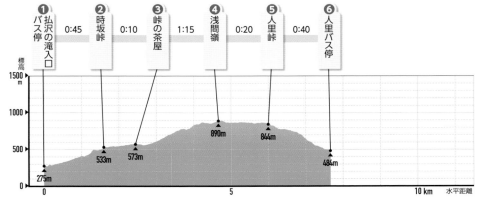

❶ 払沢の滝入口バス停　0:45　❷ 時坂峠　0:10　❸ 峠の茶屋　1:15　❹ 浅間嶺　0:20　❺ 人里峠　0:40　❻ 人里バス停

標高
1500 m
1000
500
0

275m　533m　573m　890m　844m　484m

0　　　5　　　10 km　水平距離

欄外情報 車の場合、中央自動車道上野原ICからもアクセスできる。県道35号、国道20号、都道33号などを経由して約25kmで払沢の滝園地駐車場。

落葉広葉樹の美しい古道をたどり
桜の並木が続く浅間嶺の山頂に立つ

概要 浅間嶺を越えて東西に延びる浅間尾根には、かつて五日市と数馬や小河内を結ぶ交易路が通っていた。古甲州道（中甲州道）にあたり、崩落の危険の多い谷間をさけて尾根筋をたどっていたという。現在の登山道もほぼ往時の古道を利用しており、あまり急峻な箇所もなく、浅間嶺の山頂に立つことができる。山頂一帯にソメイヨシノの並木が続き、4月中旬ごろには桜の花に彩られる。

コース 武蔵五日市駅前から乗ったバスを❶**払沢の滝入口バス停**で下車。「檜原とうふ　ちとせ屋」の裏手に延びる車道に入ると、すぐに払沢の滝への小道が左に分かれる。20分ほどで往復できるので、時間に余裕があれば立ち寄りたい。

払沢の滝への小道を左に見送り、車道を道なりに進むと、払沢の滝園地の駐車場があり、トイレも設けられている。さらに車道を進み、大きく右に曲がるところで、道標に従い時坂峠への近道に入る。沢沿いの道を行くと、民家が現れ、その上で迂回してきた車道に出る。車道を少したどり、再び近道に入って集落のなかを登っていく。集落の最上部に行くと、また車道に出るが、ここは横断して山道に入る。山腹道を登っていけば、ほど

時坂集落の最初の民家が現れる

なく祠の立つ❷**時坂峠**に達する。ここにも車道が通じており、路傍にひっそりとたたずむ石仏にかつての古道の面影を偲ぶしかない。

車道を左に進み、三叉路を過ぎると、❸**峠の茶屋**が現れる。以前は軽い食事をとることができたが、近年廃業してしまった。茶屋の前は大きく開けており、大岳山や御前山、三頭山などを見渡せる。ひと休みするには最適のポイントだ。

峠の茶屋の先で車道歩きは終わり、徐々に山道らしくなってくる。すぐに左手に現れるのは、かつて馬つなぎ場だった高橋家。長屋門と水車のある立派な建物で、往時は荷継場として賑わい、代官休息所としても使われたという。以前はそば店として営業していたが、残念ながらすでに閉店し

落葉樹に包まれて心地よい浅間嶺山頂

立ち寄りスポット

清涼感いっぱいの払沢の滝

北秋川の支流にかかる落差60mの払沢の滝は、約50mの間を四段になって流れ落ちている。滝壺から見られるのは一の滝にあたる23m滝のみだが、ダイナミックで美しく、爽快感もたっぷり。「日本の滝百選」にも選出されている。冬には滝の最大結氷日を予想する「払沢の滝氷瀑クイズ」が実施される。払沢の滝入口バス停から徒歩10分。

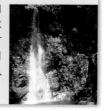

新緑の美しい尾根道を歩く　　　　　　　　　　小岩との分岐にあたる十字路に立つ道標

ている。

　杉や檜の覆う薄暗い小沢沿いを進み、やがて山腹道を登るようになって小尾根を越える。周囲にはコナラや山桜など、落葉広葉樹が多くなり、明るい雰囲気のなかをゆるやかに登っていく。やがて右に小岩バス停への道が分かれる十字路に出る。直進する道は浅間嶺休憩所のある広場に行くもので、ここは左の浅間嶺に直接登る道をとろう。やや急な斜面を登りつめると、左に松生山への道が分岐する。右の尾根通しに延びる道を進み、桜並木が続くようになれば、ベンチとテーブルの置かれた❹浅間嶺（せんげんれい）の山頂に着く。展望台から御前山や大岳山、笹尾根などが眺められる。運がよけれ

サブコースチェック

人里峠で下山となると、ちょっと物足りないという場合は、浅間尾根登山口まで足を延ばしてもよい。人里峠から先も浅間尾根に沿いながらたんたんとした道をたどる。藤倉への道を右に分けたあと、石仏が立つ数馬分岐に着いたら浅間尾根を離れ、道標に従い南面を下っていく。

数馬下組の集落に入れば車道歩きになる。人里峠→（1時間20分）→数馬分岐→（40分）→浅間尾根登山口バス停。

浅間尾根休憩所の前にはテーブルとベンチも置かれている

待合所が設けられている人里バス停

ば富士山を見ることもできる。なお浅間嶺の標高は2万5000分の1地形図では903m地点（現地では小岩浅間）になっているが、山名標識のある実際の山頂は東側の890m地点になる。

　浅間嶺の山頂を後に西側の尾根道を下ると、左に上川乗への道が分岐し、右手に浅間尾根休憩所の立つ広場がある。浅間尾根休憩所の一段下に、先ほど見送った山腹道と人里峠方面とを結ぶ道が延びている。ここは西に延びる人里峠方面への道に進む。尾根沿いのたんたんとした道をしばらく

行くと、人里バス停を記す道標の立つ❺人里峠（へんぼりとうげ）に着く。路傍に小さな石仏が置かれている。

　人里峠で浅間尾根を離れ、杉や檜の茂る樹林帯に続く山腹道を下っていく。やがて竹林が現れて標高700mに立つ廃屋の前を通る。急斜面をジグザグに下り、尾根上を行くようになってまもなく、左に直角に曲がると、最奥の民家前に出る。ここからは急な車道歩き。疲れた足で転倒しないよう注意したい。檜原街道に突き当たり、左に曲がれば❻人里バス停（へんぼりてい）がある。

秋は落葉を踏み夏は花のなかを歩くゆるやかな尾根道

標高 **1188**m

（槇寄山）

笹尾根・槇寄山
<small>ささ おね・まき よせ やま</small>

👟 笛吹入口バス停→笛吹峠→西原峠→槇寄山→仲の平バス停

槇寄山から見た富士山

中級 初級 入門	

中 総歩行時間**4**時間**30**分

初級 総歩行距離**9.0**km

入門 標高差 登り：**673**m 下り：**520**m

登山レベル 体力：★★ 技術：★★

公共交通機関

行き：JR五日市線武蔵五日市駅→西東京バス（約50分）→笛吹入口バス停
帰り：仲の平バス停→西東京バス（約55分）→武蔵五日市駅

マイカー

圏央道あきる野ICから国道411号、都道7号を経由して武蔵五日市駅前の大型民間駐車場まで約6km。登山口・下山口付近に駐車場はないので、ここに駐車し

てバスかタクシーを利用する。

ヒント

檜原村のタクシー会社・横川観光では、駐車場の提供（無料）＋タクシーでの登山口への送迎サービスをセットで行っている。ジャンボタクシーもある。横川観光☎0120-489-083

問合せ先

檜原村産業環境課☎042-598-1011
西東京バス五日市営業所☎042-596-1611

❶ 笛吹入口バス停 — 1:40 — ❷ 笛吹峠 — 0:50 — ❸ 数馬峠 — 0:50 — ❹ 西原峠 — 0:05 — ❺ 槇寄山 — 0:05 — ❹ 西原峠 — 1:00 — ❻ 仲の平バス停

木に吊された素朴な看板

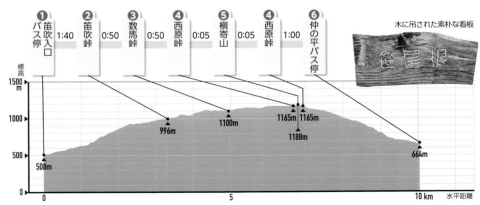

笹尾根

標高
1500m — 508m — 996m — 1100m — 1165m 1165m — 1188m — 664m — 1000m — 500m — 0

0 — 5 — 10 km 水平距離

欄外情報 数馬バス停上の九頭龍神社で都指定無形文化財の三匹獅子舞や大神楽などが奉納される（9月中旬）。9月中の週末は街道沿いのいくつかの集落でも獅子舞を奉納。立ち寄り湯・数馬の湯はP109参照。

好展望の県界尾根をたどり
素朴な数馬の山里へと下る

概要 笹尾根は三頭山から高尾山塊の生藤山へゆったりと延びる長大な尾根。山梨県との県境をなし、甲州と武州を結んできた峠道が今もいくつも横切っている。丹沢や富士山の展望コースとしての人気が高いが、霧の日にも歩いてみたいやさしい尾根道が続いている。

コース ❶笛吹入口バス停で下車したら、車道を数馬方面へわずかに進むと、石垣に笛吹峠・小槫峠の標識が目に入る。左折してアスファルトの急坂を登っていく。道端に馬頭観音や百番塔に混じって修行者の開山の碑や登山三十三度の石塔も立つ。左へ小槫峠への道が分かれて急登し、民家の裏手から山道へと入っていく。ポッコリとした山容の馬頭刈山も顔をのぞかせる。杉の枝が落ちた軟らかい土を踏みしめていくと、植林に混じって広葉樹も見えはじめる。

アカマツの大木の下に大山咋神の石碑を見て、落葉とガレキの道をいく。再び植林の道に変わり、バス停から1.6kmの地点で左に仕事道を見送り直進していく。深く掘れた土の道をいくと、ゆるやかな登りを交えた平坦な道となり、やがて丸山分岐となる。丸山への道を左に見送り下っていく。右手が植林、左側が自然林に囲まれた狭い土道を登り返し、さらに平坦な道をいく。尾根の山腹をトラバースぎみに進み、ゆるやかにアップダウンすると右手前方の樹間に槇寄山から続く笹尾根が望まれる。さらに平坦な道を行くと道標が見え、

笛吹集落上から馬頭刈尾根を望む

❷笛吹峠に出る。「みぎかずま、ひだりさいばら」と書かれた石の道標や大日と刻まれた石碑が峠の脇に立ち、賑わった往時が偲ばれる。左後方には浅間峠への道がゆるやかに続いている。大休止するのはこの先の見晴らしのよい峠がいいだろう。

峠を後にして右手の坂を上っていく。ここから先は峠を数えながらの尾根歩きだ。藤尾分岐を過ぎ、右折して平坦な笹の道を行くと浅間尾根登山口バス停への分岐だ。右に見送って左手の細い道へ。コアジサイの群生をかき分けて進み、御前山や大岳山を眺めながら歩を進めるとやがて眼前が開け、丹沢山塊と富士山の絶景ポイントに出る。数馬の仲の平と上野原市の上平を結ぶので、❸数馬峠とも上平峠ともよばれている。

大展望を満喫したら出発。ヤマアジサイの群生地や山岳耐久レース30km地点を過ぎると、やが

大日と刻まれた石碑が立つ笛吹峠

耳よりコラム

農家の知恵、よもぎで防虫・日除け

よもぎは昔から虫除けの焚き火などにも使われてきた薬効植物。仲の平の畑で出会った地元農家の主はよもぎの葉を帽子に敷いてガーゼをあて、首筋から肩口を葉で被って着用していた。これで夏の日差しを防ぎ、汗によってくる蚊も寄せつけないという。夏の低山歩きの入山時によもぎを見つけたらザックの上にぶらさげて試してみてはどうだろうか。

て明るく開けた田和への分岐となる。さらに明るい道をゆるやかにアップダウンし、ヤブをかき分けて進むと甲州・郷原と武州・数馬を分ける**④西原峠(さいばらとうげ)**に出る。かつては大きな茶店があったはずの広場のような峠にはベンチがポツンと置かれているだけだ。

峠からわずかに登ったところが**⑤槇寄山(まきよせやま)**の山頂だ。三頭山へ続く広い山頂には大木が茂り、この先は別の領域のようにも見える。

④西原峠(さいばらとうげ)へ戻ったら左折し、自然林の道を下っていく。楽しい坂道が続くが、ときどき現れる土がえぐれた場所は歩きづらい。右手に大岳山と馬頭刈尾根も見え、国定忠治が遠見した木と書かれた小広場に出る。この先にも深く切れ込んだガレ混じりの土道が現れる。ここも慎重に下っていこう。やがて植林の道となり、畑の間の急坂を下り、民家の脇を抜けて林道に出る。あとは道なりに下れば**⑥仲の平バス停(なかのだいら)**に着く。すぐ先には日帰り温泉、数馬の湯がある。

朱色が印象的なフシグロセンノウ。花期は7〜10月

立ち寄り湯

檜原温泉センター数馬の湯

奥多摩周遊道路の数馬地区にある日帰り入浴施設で、ジャクジー風呂や露天風呂、圧注浴風呂がある。泉質はアルカリ性単純温泉で神経痛、筋肉痛、疲労回復などの効能。レストランでは村特産のコンニャク、マイタケ、地元の野菜などを使ったメニューが味わえる。☎042-598-6789。入浴料980円。10〜19時。月曜休(祝日の場合は翌日)。

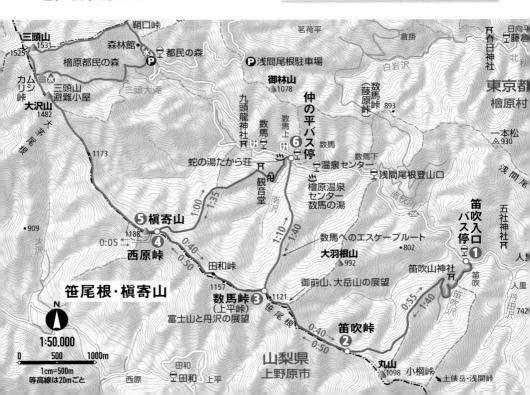

笹尾根・槇寄山

坪山
(つぼ) (やま)

🏔 八ツ田バス停→坪山→阿寺沢分岐→学校前バス停

周囲が急峻で狭い坪山山頂。背景は三頭山

公共交通機関

行き：JR中央本線上野原駅→富士急バス（約55分）→八ツ田バス停　帰り：学校前バス停→富士急バス（約50分）→上野原駅

マイカー

中央自動車道上野原ICから県道18号を小菅村方面に約20kmで登山口だが、周辺に駐車場はないので、上野原市街に駐車して、路線バスかタクシーでアクセスする。

ヒント

登山口の八ツ田バス停への本数は大変少ない。平日は午前、午後とも1本ずつ。土日祝は午前2本、午後2本。ヒカゲツツジの時期は混むので早めの到着を。

問合せ先

上野原市産業振興課☎0554-62-3111
富士急バス上野原営業所☎0554-63-1260
上野原タクシー☎0554-63-1232
駅前タクシー☎0554-63-0077

総歩行時間 **3時間50分**　中級

総歩行距離 **5.1** km　初級

標高差　登り：**542**m　下り：**562**m　入門

登山レベル　体力：★★　技術：★★

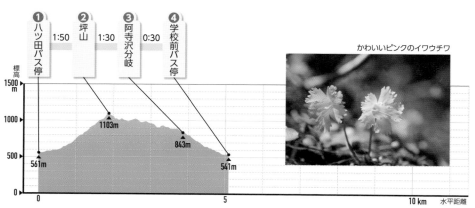

① 八ツ田バス停　1:50　② 坪山　1:30　③ 阿寺沢分岐　0:30　④ 学校前バス停

標高
1500m
1103m
1000m
843m
561m　541m
500m
0　5　10km　水平距離

かわいいピンクのイワウチワ

欄外情報　坪山の場合、逆コースはおすすめできない。山頂まで時間がかかることはもちろん、紹介した西ルート、その隣の東ルートとも上部に狭い岩稜があるため、下りには適さない。

ロープ場の続く急峻な尾根を登り
アップダウンの多い下りをこなす

概要 関東では数少ないヒカゲツツジの群落がある山として、花好きに人気の山。登路の尾根道にはイワウチワやイワカガミ、カタクリなども小さな群落をつくる。ヒカゲツツジやイワウチワの見頃は例年、4月中旬前後。この時期の週末は多くの登山者が列をなすが、2本ある尾根コースはいずれも急斜面で、上部ではところどころに岩場やロープ場も現れる。慎重に行動しよう。

コース ❶八ツ田バス停から鶴川を橋で渡り、トイレのある小広場を右へと抜ける。平坦な道を行くと御岳神社からの道が右から合流し、すぐに西ルート（正面）・東ルート（左）の分岐が現れる。ここは、ヒカゲツツジが多く岩場もいくぶん穏やかな西ルートへ。

　道はほどなく小沢を渡り、草地を経て植林帯の

尾根道に入る。尾根は次第に急傾斜となり、上部に行くにつれて、花期ならばヒカゲツツジの淡い黄色やミツバツツジの濃いピンクが登山道脇に姿を見せるようになる。足元にはイワウチワの小さな花がかわいい。淡黄色に彩られた尾根は登るにつれて急峻となり、ロープ場も出現する。ゆっくりと慎重に歩を進めたいところだ。

　傾斜がいくぶんゆるやかになれば❷坪山の山頂だ。狭い山頂からは北面を中心に、大きな眺めが広がる。間近に見えるどっしりとした山は奥多摩の三頭山で、空気の澄んだ日なら、南西方向に富士山も望めることだろう。

　ただ、展望のすぐれた山頂ではあるが、狭い。山頂のすぐ前後にもお弁当を広げるスペースはなかなか見当たらず、特に週末は昼食場所に工夫が必要になりそうだ。

　山頂からの下りは登路とは反対側、南面に続く道を行く。道はすぐに、佐野峠方面へのコースを

尾根筋をクリーム色に染めるヒカゲツツジ

コース上部は、両側が切れ落ちた狭い尾根

楽しさアップの自然観察

ヒカゲツツジ

主に山地や岩場に生育する常緑低木で、日本の固有種。4〜5月に花期を迎え、シャクナゲに似た葉の先端にクリーム色の花を付ける。関東以西の本州、四国、九州に分布するが、関東で坪山ほど群生している場所は珍しい。この花は険しい場所に咲くことが多く、観察には注意が必要だ。

ミツバツツジも競演する

長い下りだが比較的歩きやすい

右に分け、左へと向きを変える。

　ここからの下りが結構長い。登路ほどに傾斜はきつくなく岩場もないが、距離は登りの倍ほどもある。おまけに、それほどの標高差はないものの、いくつものピークを越えるため疲れを感じるところだ。

　最後の896mピークを越えれば❸阿寺沢分岐で、ここからコースは左に曲がって北方向へと下る。標高差が300m近くある急な下りが続くので、疲労による転倒にも注意したい道だ。

　そんな下りも、広葉樹林が杉の植林帯へと変われば間もなく終点。上野原市営の交流施設、羽置の里 びりゅう館の赤い屋根が見えてくれば登山道は終わり、びりゅう館の横に飛び出す。時間に余裕があればそばを食べるのもいい。いったん下って鶴川を渡り、軽く登り返せば❹学校前バス停はすぐ目の前だ。

立ち寄りスポット

羽置の里 びりゅう館

下山口に立つ公営の交流施設。食事処では、水車でひいた名物・田舎そばをはじめ、雑穀やコンニャク、ジャガイモなどを使った郷土料理が味わえる。館内にはほかに野菜や特産品、工芸品、陶器などの販売コーナー、絵画のギャラリーもある。また、そば打ち体験や農山村の「手しごと」体験などもできる。☎0554-68-2100。10〜17時。水曜、冬期休。

坪山

八ツ田バス停
御岳神社
飯尾
宮神社（大杉）
小菅村
丸木橋を渡り沢沿いを登る
杉林
1:50
1:20
東ルート
西ルート
916
ヒカゲツツジの群生
西ルートより険しい
山梨県
上野原市
イワウチワ
坪山 ❷
1103
急な登り。ロープ場あり
狭い頂上
1034
995
1:30
1:45
アップダウンを繰り返す
尾根道
896
❸阿寺沢分岐
急な下り。スリップ注意
0:30
0:40
植林帯の道を下る
羽置の里びりゅう館
郷原
❹学校前バス停
鶴川
西原
上野原駅

1:25,000
250　500m
1cm=250m
等高線は10mごと

ブナが梢を伸ばす緑豊かな都民の森を大まわりで周遊

標高 **1531** m
（中央峰）

三頭山
（みとうさん）

🏔 都民の森バス停→鞘口峠→三頭山→ムシカリ峠→大沢山→三頭大滝→都民の森バス停

三頭山（西峰）から樹間に富士山を望む

中級	総歩行時間 **3時間15分**
初級	総歩行距離 **5.5**km
入門	標高差 登り：**541**m 下り：**541**m

登山レベル 体力：★★
技術：★

公共交通機関

往復：JR五日市線武蔵五日市駅→西東京バス（約55分）→数馬バス停（連絡バス約15分・無料）→都民の森バス停　※一部直通便もあり。都民の森行きのバスは12～2月は運休。期間中も時期により、運休日があるので、事前に確認のこと。

マイカー

中央自動車道上野原ICから国道20号、主要地方道33号、檜原街道、奥多摩周遊道路を経由して都民の森まで約28km。都民の森に無料駐車場あり。

ヒント

交通の便がよくないのでマイカーが便利。都民の森は月曜が休み、駐車場は夕刻以降、閉鎖されるので時間に注意。

問合せ先

檜原村産業環境課☎042-598-1011
檜原都民の森管理事務所☎042-598-6006
西東京バス五日市営業所☎042-596-1611

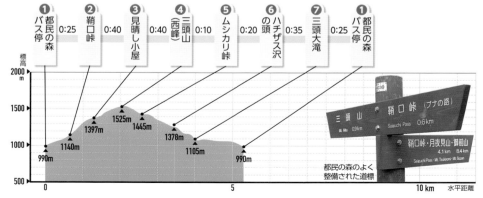

① 都民の森バス停 —0:25— ② 鞘口峠 —0:40— ③ 見晴し小屋 —0:40— ④ 三頭山（西峰） —0:10— ⑤ ムシカリ峠 —0:20— ⑥ ハチザス沢の頭 —0:35— ⑦ 三頭大滝 —0:25— ① 都民の森バス停

標高
2000m
1500
1000
500
0　　　　　5　　　　　10 km　水平距離

990m
1140m
1397m
1525m
1445m
1378m
1105m
990m

三頭山 鞘口峠（ブナの路）
0.9km 0.6km
鞘口峠・月夜見山・御前山
4.1km 8.4km

都民の森のよく
整備された道標

欄外情報　檜原都民の森には森林館、木材工芸センターなどがあり、各種イベントを開催。9時30分～16時30分（季節により変動あり）。月曜休（ゴールデンウイーク、夏休み、紅葉シーズンは無休）。

3つの頂から富士山や奥多摩の山々を展望し
深山の路〜石山の路で三頭大滝へと下る

概要 江戸時代から御留山（おとめやま）だった三頭山一帯は木々の伐採を免れてきた。そのため、山頂付近にはブナの残る豊かな森が広がっている。現在は「檜原都民の森」として整備され、多くの登山コースや散策コースがあり、初級者や家族連れでも気軽に歩くことができる。山頂から富士山や奥多摩の山々が一望できるのも魅力だ。

コース ❶都民の森（とみんのもり）バス停（ばすてい）から駐車場を抜け園内の道を登っていく。トンネルを抜け森林館の横をまっすぐ進み、小屋の脇から「ブナの路」の案内に従い、左へと鞘口峠に登っていく。杉などが梢を伸ばす階段状の山道をまっすぐ登れば日スポーツ歩道入口があり、わずかで奥多摩湖や御前山（やま）への分岐がある❷鞘口峠（さいぐちとうげ）に到着する。

ここから尾根づたいの急な登りが始まる。じきに「ブナの路」と登山道の分岐がある。いずれも三頭山の山頂へと続くが、登山道は直線的に、「ブ

樹林に囲まれた見晴し小屋

ナの路」はジグザグに折り返しながら登っていく。ここでは左へと「ブナの路」を進もう。ブナやミズナラ、ホオノキなどの広葉樹がきれいな山腹を登っていく。しばらくすると標高1397m地点に立つ❸見晴（みはら）し小屋（ごや）に到着。樹林に囲まれているが東側の展望が少し開けている。

小屋から一度下ると、先ほど別れてきた登山道と合流。左に野鳥観察小屋への道を分け再び登っていく。このあたりからブナが多くなってくる。途中、三頭山西峰へ直接行く分岐があるが、尾根づたいに東峰へと向かおう。わずかな登りで展望デッキがあり、晴れていれば御前山から大岳山（おおだけさん）方面が一望できる。展望デッキからわずかで三頭山東峰、さらに、ベンチがある中央峰だ。いずれも

鞘口峠から三頭山へとブナの路を行く

楽しさアップの自然観察

学術的にも注目の三頭山のブナ

三頭山は東京都でまとまったブナ林が観察できる数少ないスポット。わかりやすい特徴は地衣類が付着し斑模様になった灰白色の樹皮。三頭山では「ブナの路」の中腹から山上にかけて多く見られる。ふつう、ブナの林床は笹類に覆われることが多いが、三頭山では笹類が少なくさまざまな植物が見られ、学術的にも注目されている。

三頭山

三頭山（西峰）から雲取山を一望

ムシカリ峠の先にある三頭山避難小屋

樹林に囲まれ展望はない。中央峰から一度小さく下り登り返すと❹**三頭山（西峰）**に到着する。広い山頂からは南に富士山、北に雲取山から鷹ノ巣山が展望できる。

　下山は南へと一気に下っていく。下り初めてすぐのところにある鈎型に折れ曲がったブナが印象的だ。さらに尾根沿いにはところどころ太いブナが見られ気持ちよい。傾斜がゆるやかになってくると❺**ムシカリ峠**だ。三頭大滝へは左へと沢沿いに下っていく「ブナの路」を下るのが早いが、静かな森歩きを楽しむなら、「深山の路」「石山の

サブコースチェック

●コンパクトに素早く巡るなら鞘口峠からブナの路を登らずに山道を登り、ムシカリ峠からブナの路で三頭大滝へと下ると早い。

●三頭山からヌカザス尾根で奥多摩湖へと下ることもできる。入小沢ノ峰、イヨ山を経て小河内神社バス停へは約2時間40分。最後に奥多摩湖を渡るドラム缶橋（麦山の浮橋）もおもしろい。

滝見橋から正面に見た三頭大滝

森林セラピーロードで見かけたサラサドウダン

路」をたどる大まわりコースがよい。

ムシカリ峠を過ぎるとすぐに三頭山避難小屋がある。小さく下ってから登り返すと樹林に囲まれた大沢山がある。ここから下っていくと、**❻ハチザス沢の頭**だ。ここで、西原峠から槇寄山へと続く道と別れ、左の尾根道へと進む。広葉樹が少なくなり、アセビや植林帯の薄暗い道へ入ると、じきに左へと「石山の路」を下っていく。再び広葉樹に覆われた岩混じりの山道を下っていくと、やがて沢沿いに出る。沢を石づたいに渡り、さらに橋を渡れば、まもなく大滝休憩小屋の横を通り、**❼三頭大滝**に到着する。滝見橋から正面に見る大滝と眼下の流れが美しい。

ここからウッドチップが敷かれた森林セラピーロードを進む。途中、右手が開け戸倉三山や生藤山などを展望。ウッドチップの道が右へとカーブすれば、間もなく森林館に到着。階段道を下れば**❶都民の森バス停**となる。

サブコースチェック
三頭山から笛吹へのロングコース

バス利用の人に限るが、三頭山だけでは物足りない場合、南東側の槇寄山へと歩き、笹尾根上の西原峠、数馬峠を経て笛吹から笛吹入口バス停へと下るロングコースがおもしろい。全行程約6時間と長いが、三頭山に登ってしまえば、後はのんびりした尾根歩きが楽しめる。疲れた時は槇寄山か数馬峠から仲の平バス停に下ればいい。笹尾根・槇寄山のコース詳細はP100参照。

豊かな樹林に包まれた静かな山稜をたどる

標高 **1409** m
(大マテイ山)

奈良倉山・大マテイ山
（ならくらやま・おおマテイやま）

鶴峠バス停→奈良倉山→松姫峠→大マテイ山→大ダワ→モロクボ平→小菅の湯バス停

鶴寝山から大マテイ山に向かう「日向みち」は明るい樹林のなかに続いて快適だ

中級	総歩行時間 **5時間30分**
初級	総歩行距離 **12.5** km
入門	標高差　登り:**537**m 下り:**746**m

登山レベル　体力:★★
技術:★★★

公共交通機関

行き：JR中央本線上野原駅→富士急バス（約1時間5分）→鶴峠バス停／※4〜7月・9月〜12月15日の土日祝運行。
帰り：小菅の湯バス停→西東京バス（約1時間）→JR青梅線奥多摩駅

マイカー

中央自動車道大月ICから国道20・139号を経由して約27kmの松姫峠駐車場を利用。　※鶴峠に駐車スペースはない。

ヒント

鶴峠経由のバスは特定日のみの運行なので、それ以外の日は上野原駅前からタクシー利用になる。

問合せ先

小菅村源流振興課☎0428-87-0111
富士急バス上野原営業所☎0554-63-1260
西東京バス氷川支所☎0428-83-2126
上野原タクシー☎0554-63-1232

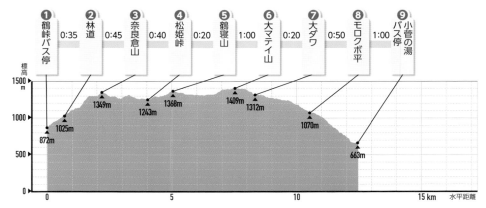

❶ 鶴峠バス停　0:35　❷ 林道　0:45　❸ 奈良倉山　0:40　❹ 松姫峠　0:20　❺ 鶴寝山　1:00　❻ 大マテイ山　0:20　❼ 大ダワ　0:50　❽ モロクボ平　1:00　❾ 小菅の湯バス停

標高
1500m
1349m　1243m　1368m　1409m　1312m
1025m　　　　　　　　　　　　　1070m
872m
1000m
500m　　　　　　　　　　　　　　　　663m
0
0　　　　　5　　　　　10　　　　　15km　水平距離

欄外情報　小菅の湯バス停からは西東京バス奥多摩駅行きのほか、富士急バスがJR中央線大月駅と上野原駅（土・日曜、祝日のみ）へと運行。ともに便数が少ないので、事前に時刻表をチェックしたい。

奈良倉山で富士山の絶景を楽しみ
樹林の美しい山稜を越えていく

概要 山梨県の大月市と小菅村との境界線上には1300〜1400m級の山々が東西に連なっている。その山稜の東端部に位置するのが奈良倉山。大月市指定の「秀麗富嶽十二景」の一つに挙げられ、富士山の好展望台になっている。西に延びる尾根沿いの道をたどり、鶴寝山から大マテイ山へと足を延ばそう。

コース 県道18号沿いにある❶鶴峠バス停脇から道標に従いカラマツ林のなかを登っていく。やがて尾根上を行くようになり、ほどなくして❷林道に飛び出す。東方に奥多摩三山の一つ、三頭山が眺められる。

林道を横断し、再び樹林のなかを登り始める。徐々に傾斜が増し、急斜面をジグザグに切りながら高度を上げていく。北面を巻いて松姫峠に行く道を右に見送り、左の山腹道に進んでひと登りすれば、台地のような❸奈良倉山の山頂に達する。中央部に二等三角点が置かれ、南西側には「富士山展望所」と名付けられた一角があり、山並みの奥に富士山の雄姿を望める。

奈良倉山の山頂から西の尾根に進むと、すぐに林道に出る。ほぼ平坦な林道をしばらくたどり、国道139号が越えている❹松姫峠に着く。駐車場があるため、ここから奈良倉山や鶴寝山を往復する登山者も多い。松姫峠へは上野原駅からのバスが特定日の午前に1便のみ運行され、ここを起

奈良倉山の山腹を走る林道からは三頭山の眺めがよい

点にしてもよい。ただし、松姫峠発の便がないため、バス停のある下山地へ向かうことになる。

国道139号を横断し、尾根通しに続く道に入る。落葉広葉樹の多い樹林のなかをゆるやかに登っていくと、小さく開けた❺鶴寝山の山頂に着く。鶴寝山から先は南面と北面の尾根沿いに登山道が延びている。ここは「日向みち」と名付けられた、アップダウンの少ない南面沿いの道を行くことにしよう。途中で小菅の湯に下る道を右に分け、なおも南面に続く道をしばらくたどる。やがて大マテイ山への道標が立つ分岐に到着。この分岐から山頂を往復する。急斜面をひと登りすれば、南面側が切り開かれた❻大マテイ山の山頂に達する。南面以外は落葉広葉樹が茂り、三等三角点が置かれている。

大マテイ山の山頂から先ほどの分岐に戻ったら、山腹道を大ダワ方面に進む。樹間の道を行く

奈良倉山の登山口となる鶴峠バス停

楽しさアップの自然観察

シロバナエンレイソウの群落

大ダワからモロクボ平への道に入ったあたりは、シロバナエンレイソウが斜面に群生する。ブナやミズナラなどの林でよく見るユリ科の植物で、ミヤマエンレイソウの名も持つ。大きな3枚の葉と、白に淡いピンクの入った小さな一輪の花。このコントラストがなんともおもしろい。大ダワでは4月末〜5月中旬頃が開花期。

と、まもなく東西に開けた**⑦大ダワ**に出る。西に延びている道は牛ノ寝通りとよばれ、大菩薩連嶺の石丸峠に通じている。ここで尾根を離れ、北東に延びる山腹道に進む。小ピークを巻きながら下っていくと、幅広の尾根を行くようになり、**⑧モロクボ平**の分岐に着く。

ひと息入れたら川久保への道から分かれ、小菅の湯へと向け右の道を下っていこう。落葉広葉樹の明るい森から檜や杉の植林帯に入ると、急斜面をジグザグに切りながらの下りとなる。途中、田

元橋への道から分かれ山腹道を下って行く。この急下降が長いので、スリップや転倒などに注意したい。やがて車道となり**⑨小菅の湯バス停**に着く。奥多摩駅行きの午後便は平日1便、土・日曜、祝日は3便のみなので、余裕をもった行動を。

素朴なベンチが設けられている大マテイ山の山頂

サブコースチェック

●モロクボ平からは川久保へ下れる。尾根を離れて沢沿いを急下降。小菅川を渡り車道を右に行けば小菅役場前バス停だ。約45分。
●悪天時や時間短縮を図るなら、大マテイ山を割愛し、山沢入りのヌタから小菅の湯へ下れる。途中、トチノキの巨木もある。約1時間30分。
●バス利用の場合、松姫峠まで上がれば（土・日曜、祝日の午前1便）、奈良倉山へは最短の45分ほどで登れる。健脚者なら奈良倉山から鶴峠へと下り、三頭山へと縦走することもできる。鶴峠から三頭山までは約2時間25分。

1泊2日でたおやかな山容の東京最高峰に立つ

雲取山
くもとりやま

🏔 鴨沢バス停→七ッ石山→雲取山→雲取山荘（泊）→雲取山→三条の湯→お祭バス停

七ッ石山から北側に雲取山山頂へと続く石尾根を展望

公共交通機関

行き：JR青梅線奥多摩駅→西東京バス（約35分）→鴨沢バス停　帰り：お祭バス停→西東京バス（約40分）→奥多摩駅

マイカー

圏央道青梅ICから都道5号、国道411号などを経由して鴨沢まで約40km。鴨沢から5分ほど村道鴨沢小袖線を上がった小袖乗越に約45台収容の村営駐車場がある。

ヒント

新宿駅から奥多摩駅間は、特定日のみ「ホリデー快速おくたま号」が運行。ただし青梅駅での乗り換えが必要。マイカーの場合、小袖乗越の駐車場を早朝に出発すれば、日帰り往復も可能。

問合せ先

奥多摩町観光産業課☎0428-83-2295
丹波山村温泉観光課☎0428-88-0211
西東京バス氷川支所☎0428-83-2126

総歩行時間 **10時間40分**　中級
総歩行距離 **26km**　初級
標高差 登り：**1487m** 下り：**1454m**　入門
登山レベル 体力：★★★ 技術：★★

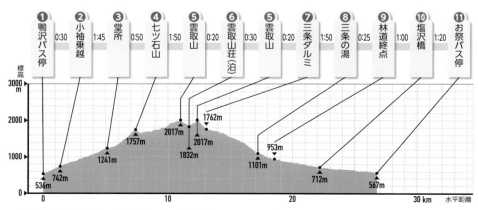

| ❶ 鴨沢バス停 | 0:30 | ❷ 小袖乗越 | 1:45 | ❸ 堂所 | 0:50 | ❹ 七ッ石山 | 1:50 | ❺ 雲取山 | 0:20 | ❻ 雲取山荘（泊） | 0:30 | ❺ 雲取山 | 0:20 | ❼ 三条ダルミ | 1:50 | ❽ 三条の湯 | 0:25 | ❾ 林道終点 | 1:00 | ❿ 塩沢橋 | 1:20 | ⓫ お祭バス停 |

標高 3000m / 2000m / 1000m / 0

536m　742m　1241m　1757m　2017m　1832m　2017m　1762m　1101m　953m　712m　567m

水平距離　0　10　20　30km

欄外情報　七ツ石小屋と雲取山荘の中間にあった奥多摩小屋とそのテント場、トイレは2023年11月現在閉鎖されているが、2024年度を目標にテント場とトイレの再開が予定されている。

113

雲取山

鴨沢から山上に立ち雲取山荘で1泊
下山は三条の湯から後山林道をたどる

概要 日本百名山の一山にも名を連ねる雲取山は東京・埼玉・山梨の都県境にそびえる。山頂へは各方面から山道が延び、さまざまなルートで歩くことができる。ここでは最も多くの人に歩かれている鴨沢から山上に立ち、2日目に三条の湯経由でお祭へと下るコースで紹介しよう。

コース 1日目：❶鴨沢バス停のトイレの脇から道標に従い車道を登っていく。すぐに道標があり、車道と分かれ左へとコンクリート道を登る。じきに、植林帯となりひと汗かく頃に車道に合流し❷小袖乗越に到着する。ここには45台ほどが停められる村営駐車場がある。

小袖乗越より車道を少したどった後、道標に従い左へと山道に入る。杉の植林地を登っていくと、途中、廃屋や荒れた畑の間を抜けていく。少し先に水場があり、さらにひと登りで尾根上の❸堂所に到着する。木々に囲まれ展望はない。ここを過ぎると植林地からカエデやミズナラ、ブナなどの広葉樹の森へと変わってくる。途中、右へと折り返すあたりで、樹間に本コース初めての富士山が望める。ここから30分ほどで七ツ石山とブナ坂の分岐に出る。雲取山へと急ぐならブナ坂へと巻き道を行くのが早いが、ここでは七ツ石小屋方面へと右の道を進もう。5分ほどで小屋に到着でき、ここからも富士山がよく見える。

石尾根より富士山を展望

ひと休みしたら、小屋の左側から山道を登る。ひと登りで石尾根縦走路が延びるT字路に出る。鷹ノ巣山への道を分け、左へと登れば、七ツ石神社を経て❹七ツ石山の小広い山頂に到着する。北側に目指す雲取山と石尾根が広がり、西に南アルプスの山並みが展望できる。

展望を楽しんだら、七ツ石山の巻き道と合流するブナ坂まで一気に下る。ブナ坂からはゆるやかに登っていく。途中、ヘリポートを抜けた先に奥多摩小屋跡地がある。山頂へはさらに広く明るい尾根道を進む。途中、富田新道へと通じる巻き道と直登コースがあるが、どちらでも小雲取山で合流する。小雲取山で一度ゆるやかになる。雲取山荘への巻き道を右に分け、最後に急坂を登れば❺

秋深まる山腹を登っていく

山小屋情報

雲取山荘

奥多摩では数少ない有人山小屋の一つ。山頂の北側、標高1830m付近に立つ。健脚者なら日帰りも可能な雲取山だが、山上での1泊は魅力がいっぱいだ。一面の星空や空気が澄んだ朝のご来光、そして何より山小屋ライフを存分に味わえる。テント場もある。☎0494-23-3338（山荘連絡所）。1泊2食9500円、素泊まり6800円。通年営業。要予約。

朝の山頂で富士山を眺める登山者たち

雲取山より三条ダルミへの下り

雲取山（くもとりやま）だ。三角点のある山頂は避難小屋の裏側にあり、展望盤もあるので山座同定を楽しもう。

山上景観を満喫したら、北へとコメツガやシラビソなどの針葉樹のなかを20分ほど下れば、丸太造りの立派な❻雲取山荘（くもとりさんそう）がある。

2日目：❻雲取山荘から三条ダルミへは巻き道もあったがほぼ使われていない。また、早朝の空気が澄んだ時間帯の展望は日中とはひと味違うので❺雲取山（くもとりやま）に登り返してから下山しよう。山頂からは西へとカラマツが梢を伸ばす尾根道を一気に下っていく。20分ほどで雲取山荘からの巻き道を合わせ、❼三条ダルミ（さんじょう）に到着する。

ここで飛龍山（ひりゅうさん）への道と分かれ山腹を巻くように下っていく。途中、何度か小尾根を越えながら行くと、水がしみ出している沢の源頭部に出る。この先で、木が伐採され東西の視界が開ける尾根上に一度出る。再び樹林内に入ると、やがて岩混じりの道になり、かつて青岩鍾乳洞に続いていた道跡を左に見る。さらに山腹を巻くように下っていけば、沢音が次第に大きくなり、左下に三条の湯の赤い屋根が見えてくる。最後に三条沢を木橋で渡れば❽三条の湯（さんじょうのゆ）に到着。これからの長い林道歩きに備え、ひと休みしていこう。

小屋の先から飛龍山、サオラ峠への道を分け、後山林道（うしろやまりんどう）へと向け下っていく。このあたりは手つかずの広葉樹林が残り、トチノキやカツラ、ミズナラ、カエデなどの高木が豊かな森を形成してい

る。新緑の時期に訪ねたい場所だ。三条の湯から20分ほどで赤い橋が見えてくれば間もなく❾林道終点（りんどうしゅうてん）となる。あとはひたすら後山林道歩きとなるが、後山川の流れが響き、緑に包まれた林道沿いには、夏場、タマアジサイやヤマユリが花を咲かせ目を楽しませてくれる。途中❿塩沢橋（しおざわばし）を経て、さらにたんたんと下り、国道411号に出たら左に進めば⓫お祭バス停（まつりてい）だ。

サブコースチェック

●三条の湯から後山林道の長い歩きを避けるなら、サオラ峠へといったん登り、丹波山村バス停へと下ることもできる。三条の湯からバス停のある丹波集落まで約4時間。

●三条ダルミから飛龍山、サオラ峠を経て丹波集落までは6～7時間を要するロングコースで健脚向き。

●雲取山から往路を七ツ石山まで戻って東に延びる石尾根をたどり、奥多摩駅まで歩いて下る石尾根縦走は8時間前後かかるハードコース。雲取山荘の出発は早朝に。

欄外情報　山小屋泊の場合、基本的な装備にプラスして、着替え、小屋内の行動着、耳栓、アイマスク、枕カバー代わりのタオル、携帯用除菌シート、シュラフカバーなどがあると便利。

三峯神社

雲取ヒュッテ（閉鎖）

三条の湯

埼玉県
秩父市

三条ダルミ **7** 0:40
0:20

避難
雲取
小屋

カラマツ
の中の急坂

モミソの頭
•1594

6 雲取山荘

2017 小雲取出合尾根

5 雲取山

雲取山

小雲取山

奥多摩小屋跡

少し下る

青岩鍾乳洞

現在は入れない

三条の湯 **8**

林道終点 **9**

奥後山
1466

後山林道

豊かな
広葉樹林

ゲート

1477

サオラ峠
（竿裏峠）

後山林道沿いに
タマアジサイが多い

塩沢橋 **10**

1:15
1:00

1:45
1:20

丹波天平
1343

山梨県
丹波山村

丹波山村役場

丹波小学校

子之神社

村丹波
役場山

道の駅たばやま
丹波山温泉のめこい湯

甲武キャンプ村

落滝

保之瀬

大六天神社

押垣外
越ダワ

大丹波峠

•1109

権衛尾根

•1415

権衛ノ頭

1937
1845

1813

テント場は2024年に
再開予定

五十人平
ヘリポート

マルバダケブキ

七ツ石山 **4**

七ツ石神社

1757

ブナ坂

雲取山を一望

樹間に富士山を展望

堂所 **3**
1274

野陣尾根

富田新道

2023年11月現在、
通行止。復旧未定

東京都
奥多摩町

高丸
173:

唐松谷林道

千本ツツジ

七ツ石小屋
素泊まりのみ
要予約

0:35
0:50

後山
廃屋

保之瀬天平
1118

高畑
廃屋

ヤマユリ

1054

赤指山
1333

植林帯

羽黒神社

1:20
1:45

1:20
1:45

ゲート

1:50
1:20

登り尾根

青梅街道

親川

お祭 **11**
お祭バス停

お祭より
バスの便数が
多い

鴨沢西
バス

小袖乗越 **2**
0:20
0:30

三条の湯

1:50,000
0　　500　　1000m
1cm=500m
等高線は20mごと

狭い尾根から
展望あり

三条の湯

崩落箇所複数あり。
通行注意

一般車は片倉谷の
ゲートまで進入可

➡宝登山から見た
武甲山と秩父盆地
(コース49)
⬇仲間と展望を楽
しむ棒ノ嶺
(コース38)

⬅武甲山御嶽
神社のオオカ
ミの狛犬
(コース41)

奥武蔵・秩父エリア

穏やかな丘陵地が広がる奥武蔵は、
入門者やファミリーが
一年中、山歩きを楽しめ、
観光スポットも多いエリア。
一方の秩父は
信仰の対象として
崇められてきた山も多く、
急峻な登りや沢、
ロングコースなど、変化に富む
山歩きができるのが魅力だ。

OKUMUSASHI,CHICHIBU

手軽に歩ける自然いっぱいの低山

標高 **271** m

（多峯主山）

多峯主山・天覧山

（とう）（の）（す）（やま）（てん）（らん）（ざん）

飯能駅→能仁寺→天覧山→多峯主山→ドレミファ橋→割岩橋→飯能駅

多峯主山の頂上から武甲山や奥武蔵方面を眺める

中級	総歩行時間 **3時間50分**
初級	総歩行距離 **8.1** km
入門	標高差　登り：166m／下り：166m

登山レベル　体力：★／技術：★

公共交通機関

往復：西武池袋線飯能駅

マイカー

圏央道狭山日高ICから県道397号を経由して飯能市立博物館まで約8km、入間ICから国道16・299号を経由すると約10km。博物館に隣接する市民会館の西側駐車場を利用する（無料）。

ヒント

市民会館の駐車場は、イベントなどで閉鎖される場合もあるので、事前に確認しておいたほうがいい。

問合せ先

飯能市観光・エコツーリズム推進課
☎042-973-2124
飯能市市民会館☎042-972-3000
国際興業バス飯能営業所☎042-973-1161

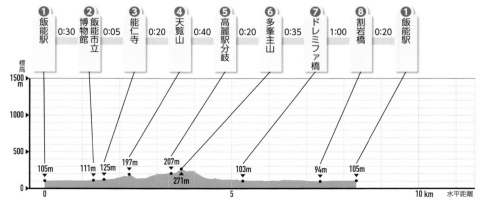

① 飯能駅　0:30　② 博物館／飯能市立　0:05　③ 能仁寺　0:20　④ 天覧山　0:40　⑤ 高麗駅分岐　0:20　⑥ 多峯主山　0:35　⑦ ドレミファ橋　1:00　⑧ 割岩橋　0:20　① 飯能駅

標高
1500 m
1000
500

105m　111m　125m　197m　207m　271m　103m　94m　105m

0　　　　　　　　　5　　　　　　　　　10 km　水平距離

欄外情報　飯能市立博物館では、飯能の歴史や文化財を学べるだけでなく、展望テラスや図書室、休憩コーナーなどもあって静かな時間を過ごすのに最適。☎042-972-1414。入館無料。9～17時。月曜、祝日の翌日休。

**小さな岩場や湿原、深い樹林を巡り、
低い山ながら大きな展望も楽しむ**

天覧山頂上の直下にある十六羅漢像

概要 両山とも標高200m前後、住宅地が間近にある里山的な存在だが、湿原や深い広葉樹林など、予想外の自然に恵まれた山。コース中に危険箇所や迷いやすい分岐はほとんどなく、山歩きが初めての家族でも十分に歩きとおせる。標高が低いので、秋から初夏にかけて歩くのがいい。ちなみに天覧山は1922年、埼玉県が県として初めて指定した名勝だ。

コース ❶飯能駅（はんのうえき）北口を出たら左へと駅の北面を回り込み、その先右斜めに入る一方通行を広小路交差点に向かう。交差点に出たらここを左折。バス通りをしばらく歩き、突き当たりにある中央公民館前の信号「飯能河原」を右に曲がり、すぐの歩行者用信号を渡る。目の前の観音寺には入らずに右に行き、寺の北側角を左折。途中から未舗装路になる細い道を歩き、諏訪八幡神社と市民会館の間を抜ければ❷飯能市立博物館（はんのうしりつはくぶつかん）だ。

ここから市民会館前の車道を北に向かって歩けば、正面が❸能仁寺（のうにんじ）。境内を通らなくても登山道に行けるが、飯能市指定の名勝になっている庭園（入園料300円）など見どころも多いので、行きか帰りに立ち寄ってみるのもいいだろう。

寺の山門を抜け、石灯籠の並びが途切れたところで右に行き、道路にぶつかったら左。舗装路をしばらく登る。この舗装路の途中左側には水道があり、水の補給ができる。

広葉樹にはさまれた道を10分ほど登ると「天覧山中段」で、トイレとあずまやが立つ。ここから正面に続く道を行く。ほどなく岩場が現れ、よく見れば岩壁に、ユニークな顔をした石像が並んでいる。ここが十六羅漢像で、徳川5代将軍綱吉の生母、桂昌院が奉納したそうだ。羅漢像から天覧山の頂上はすぐで、急な石段を登れば、汗をかく間もなく❹天覧山（てんらんざん）に到着する。

360度ならぬ南面180度ではあるが、この頂からは、200m未満の山とは思えないほどの展望が広がる。飯能市街や奥多摩の山々はもちろん、遠くには富士山も顔を見せる。

頂上からは急坂を下る。あずまやの手前から左

セーフティ・チェック

夏の低山は熱中症に注意！

夏の低山では熱中症の対策も必要。水分・塩分の適度な摂取、通気性のよい服装を心がけたい。汗とともに放出される塩分と水分を同時に補うには、水1リットルに対し小さじ半分程度の塩とレモン汁を加えたドリンクがおすすめ。加えてスポーツドリンクを凍らせたものがあれば、ほてった体を冷ますために飲むだけでなく、メンバーの誰かが熱中症に陥った際、体を冷やす手段としても活用できる。ドリンクの飲み方だが、一度に大量に飲むより、100cc程度をこまめに飲むほうがいい。スタート時にはあらかじめ、200ccほどを飲んでおくのも効果的だ。熱中症に陥ったら、日陰に寝かせて服をゆるめ、首や脇の下にタオルに包んだ氷を当てるなど、とにかく体を冷やすことが先決だ。

に行くと滑りやすい下り坂が続くがそれもわずか。湿原の一端に降り立つ。アシの茂る湿原を北に歩くと、右手に田んぼのあるあたりに、ここにしか生息しないといわれる飯能笹を見ることができる。

　湿原から再び山中に。杉木立を登ると見返り坂で、その由来は、源義経の母、常盤御前が、景色に感動して振り返りつつ登ったことからといわれている。800年以上も昔、ここにどのような道が続いていたのか。今となっては想像すらおよばない。湿原から20分前後で❺**高麗駅分岐**。この先で道は直登コースと雨乞池経由コースに分かれる。ここでは右の直登コースを行く。

　直登コースはしばらく急な木段が続くが、軽くひと登りの距離。頂上直下の「子ども専用鎖場」横の石段を登れば、❻**多峯主山**の広々とした頂上に飛び出す。

　天覧山からの展望に、秩父と奥武蔵、さらには東京スカイツリー®をはじめとした都心の眺めも加わり、こんな低いのに、と改めて感激させられ

広い展望台のある天覧山頂上。飯能市街が間近

サブコースチェック

天覧山北部の巾着田にヒガンバナやコスモスが咲く秋は、高麗駅分岐から高麗駅に下り（約30分）、巾着田を周遊するといい。巾着田には、高麗郷民俗資料館（☎042-985-7383、入館無料）もある。また、高麗峠分岐から高麗峠に向かい、奥武蔵自然遊歩道を歩いても巾着田に行くことができる。高麗峠分岐から巾着田までは約50分。

涸れることがないといわれる雨乞池

吾妻峡のドレミファ橋

る。ベンチやテーブルもあり、ゆっくり休むには
もってこいの山頂だ。

　多峯主山からは雨乞池（あまごいいけ）方面に下り、池から南に
吾妻峡を目指す。九十九折（つづらおり）のやや急な下りが続く
が、御嶽八幡神社を過ぎるとクスノキなどの大木
がしばしば見られ、周囲は広葉樹と針葉樹が混生
する森になる。やがて石の鳥居が現れると下りも
終わりとなる。

　石鳥居のすぐ先で狭い車道にぶつかったら右折
し、広い車道に出たらそのまま200mほど歩い
て道標が立つ角を左折。道標に従って人家の横の
細い道を下ったところが吾妻峡だ。目の前の**❼ド
レミファ橋**で対岸へ渡ろう。ここから川岸を歩く
ことになるが、増水時や雨天が予想されるときは
避けるようにしたい。

　気持ちよい河原をしばらく歩き、トイレの先か
ら車道に上がって河岸段丘上の車道を行けば、ほ
どなく飯能河原の上に出る。河原に下りるかその
まま**❽割岩橋（われいわばし）**を渡るかは都合次第。あとは市街地
を抜けて**❶飯能駅**に戻る。

直登コースのクサリ場は
子ども専用

多峯主山 ❻
黒田直邦の墓
271

雨乞池
御嶽八幡神社 卍
常盤御前の伝説にまつわる
「しだけ」が道筋に生い茂る

道標あり

ドレミファ橋 ❼
吾妻峡

増水時は
河原を歩くので
増水時は
避ける

N
1:25,000
250　　500m
1cm=250m
等高線は10mごと

❺
高麗駅分岐

石の鳥居

見返り坂

飯能笹が
見られる

0:30
0:40

0:55
0:35

0:10
0:20

高麗駅

十六羅漢像

湿原

天覧山 ❹
197

0:15

0:20

西武秩父

巾着田

299

高麗峠分岐

奥武蔵自然歩道

石灯籠が並ぶ能仁寺の参道

天覧山中段

OH!!!・天覧山下

多峯主山・天覧山

能仁寺 ❸

0:05

P

市民会館

飯能市立博物館 ❷

諏訪八幡神社

観音寺 卍

観音寺北側の細い道を
通って博物館に向かう

中央公民館

飯能河原

割岩橋 ❽

こども図書館

毎日、ライトアップされる

飯能の名所旧跡や
昔の建物名が記された
絵馬型案内板が飾られている

広小路交差点

0:30

0:20

東飯能駅

❶飯能駅

西武池袋線

1:00

埼玉県
飯能市

青梅

高麗川

狭山日高IC

八高線

入間川IC

八王子

所沢

八高線

四季折々の花咲く巾着田の北にそびえる高麗の里山

標高 **375** m

（物見山）

日和田山
<small>ひ わ だ さん</small>

武蔵横手駅→北向地蔵→物見山→日和田山→高麗本郷→巾着田→高麗駅

日和田山直下の金刀比羅神社より高麗市街を見渡す。右奥には雪をかぶった富士山

中級	総歩行時間 **4**時間	
初級	総歩行距離 **9.4**km	
入門	標高差 登り：**265**m 下り：**267**m	

登山レベル 体力：★★ 技術：★

公共交通機関
行き：西武池袋線武蔵横手駅
帰り：西武池袋線高麗駅

マイカー
圏央道狭山日高ICから県道262・30・15号を経由して巾着田まで約8km。高麗本郷を右に入ったところに日和田山の有料駐車場がある。満車の場合は巾着田の有料駐車場を利用する。

ヒント
下山口が違うため、車利用で本コースを歩く場合は高麗駅南口や巾着田に停めて、電車で武蔵横手駅へと移動すれば縦走できる。

問合せ先
日高市産業振興課☎042-989-2111
巾着田管理事務所☎042-982-0268

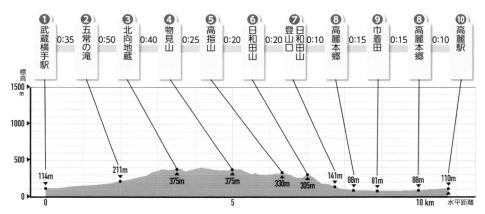

❶武蔵横手駅 0:35 ❷五常の滝 0:50 ❸北向地蔵 0:40 ❹物見山 0:25 ❺高指山 0:20 ❻日和田山 0:20 ❼登山口日和田山 0:10 ❽高麗本郷 0:15 ❾巾着田 0:15 ❽高麗本郷 0:10 ❿高麗駅

標高 114m　211m　375m　375m　330m　305m　141m　88m　81m　88m　110m

水平距離

欄外情報 高麗には高麗人ゆかりの社寺がある。高麗神社は朝鮮半島の高句麗から渡来した高麗王・若光をまつった神社。聖天院は高麗王・若光の菩提寺。いずれも歴史を感じさせる風格あるたたずまいだ。

杉や檜の木立に囲まれた道をたどり
展望の頂と花咲く巾着田へ

概要 奈良時代に高句麗からやってきた高麗人が屈曲した高麗川沿いを利用して農耕を始めたという巾着田は、春は菜の花や桜、秋はヒガンバナやコスモスが咲き乱れ、四季を通じて賑わう園地。その北側にそびえるのが日和田山だ。山頂直下からは日高市街や富士山などが展望でき、手軽な裏山ハイクとしても人気がある。ただ、日和田山の往復だけでは物足りない。ここでは隣の武蔵横手駅から物見山を合わせて登るコースで紹介。

コース ❶**武蔵横手駅**を出たら国道を右へと進む。すぐ先を左へと車道をゆるやかに登っていく。杉木立の薄暗い道を30分ほど行くと、右の沢へ下ったところに❷**五常の滝**がある。五常とは儒教でいう「仁・義・礼・智・信」の5つの徳のことで、南北朝時代、高麗一族の武者がこの滝で身を清め、戦場へと向かったとの伝説がある。

林道に戻り進むとすぐに分岐がある。まっすぐ

木の祠の中に3体の地蔵がまつられている北向地蔵

車道をたどっても北向地蔵へと上がれるが、ここでは道標に従い左へと進もう。樹林のなかを登っていくと、途中、土山を経て❸**北向地蔵**に到着する。この地蔵は1786年に流行病を防ごうと、野州岩舟地蔵尊の分身として譲り受けたものだそうで、岩舟地蔵と向かい合わせに北を向いているという。

ひと休みしたら、檜や杉の植林のなかをゆるやかに登っていく。途中、小瀬名からの道を合わせると、じきに車道を横断する。さらにゆるやかに登っていけばベンチが置かれた❹**物見山**となる。左へと少し進んだところに三角点が置かれている。

物見山からは尾根道を下っていく。じきにゆる

森に涼やかな音を響かせる落差12mの五常の滝

立ち寄りスポット

四季の花咲く巾着田

巾着田を有名にしたのが、秋、林間に100万本の花を咲かせる曼珠沙華（ヒガンバナ）。その名のとおり、秋分前後の9月中旬から下旬にかけて赤い花を咲かせる。曼珠沙華が終わればコスモスが10月中旬まで咲き誇る。春は菜の花と桜もきれい。なお、曼珠沙華の開花時は周辺道路の渋滞が激しく、駐車場も満杯なので電車利用がおすすめ。

冬枯れの物見山の山頂

車道が通じている駒高の集落

日和田山の男坂

菜の花が一面を埋め尽くす巾着田から見た日和田山

やかな道となり車道に飛び出す。車道を進むと、売店「ふじみや」やトイレ、あずまやがある駒高の集落だ。このあたりは南面が開けており、晴れた日は富士山や奥多摩の山々が展望できる。

ここからしばらくは車道をたどって進む。道が右から左へとカーブしていくと左手に電波塔が見えてくる。車道から左へとわずかに登れば❺高指山だ。日和田山へは車道へと戻り、すぐ先から、再び山道へと入っていく。杉木立に囲まれたゆるやかな尾根道を下っていく。途中、右に富士見の丘・日向方面への道を分けたら、ひと登りで宝篋

印塔が立つ❻日和田山に到着する。山頂は樹林に囲まれているが、東側が開けており、よく晴れた日は遠く筑波山が遠望できる。

山頂からわずかに下れば金刀比羅神社がある。すぐ下の岩場からは高麗市街や巾着田が見渡せる。その名のとおり、巾着田は川が蛇行し巾着型をしている。下山は男坂、または女坂で下ろう。男坂は一部、岩場の道があるが、巻き道もあり、さほど危険なく下ることができる。男坂を下っていくと、途中、水が流れる滝不動尊がある。さらに進むと女坂と合流する。

　鳥居を抜け、ここから「日高市ふるさとの森」が整備された道を下っていく。折り返しながら下れば**⑦日和田山登山口**となる。車道を右へと下ると、途中、左側に駐車場がある。さらに進めば国道299号の**⑧高麗本郷**の交差点だ。

　この下側に**⑨巾着田**が広がっているので、花の時期はぜひ散策していきたい。ゆっくり歩いても1周30分ほどで巡れる。国道299号に戻ったら、左へ進み、鹿台橋を渡る。信号まで行かずに左へと小道を進めば、**⑩高麗駅**までは道標が導いてくれる。

サブコースチェック

　歩き方は逆コースでもよい。ただし、武蔵横手駅周辺には商店などがないので、下山後、電車待ちの時間調整は駅舎内となる。本コースなら下山後、巾着田や駅周辺の飲食店などで時間調整がしやすい。日和田山だけの場合は日向下降点から35分ほどで周回して高麗本郷へと戻れる。途中、左に入ると岩登りゲレンデがある。

山里と寺社を巡る初級者向き展望コース

標高 **220** m

富士山 （日高市）

北平沢バス停→富士山→白銀平展望台→高麗神社→聖天院→高麗川駅

白銀平展望台から眺めた関東平野

中級	総歩行時間 **2時間50分**
初級	総歩行距離 **8.3** km
入門	標高差 登り：153m 下り：153m

登山レベル 体力：★ 技術：★

公共交通機関
行き：JR八高線高麗川駅→国際興業バス（約5分）→北平沢バス停
帰り：高麗川駅

マイカー
圏央道狭山日高ICから県道262号を経由して高麗川駅まで約6km。高麗川駅周辺にコインパーキングが多数ある。

ヒント
高麗川駅からのバスは、平日朝は便数が多いが、土日祝は1時間に1～3本と少ないので事前にチェックしたい。富士山と白銀平のみ歩くなら白銀平まで車で入れる。なお、白銀平までは舗装されているが、一部道が荒れ、狭いので対向車とのすれ違いに十分注意。駐車スペースは5台ほど。

問合せ先
日高市観光協会☎042-989-2111
国際興業バス飯能営業所☎042-973-1161

❶ 北平沢バス停 0:50 ❷ 富士山 0:15 ❸ 白銀平展望台 0:55 ❹ 高麗神社 0:10 ❺ 聖天院 0:10 ❹ 高麗神社 0:30 ❻ 高麗川駅

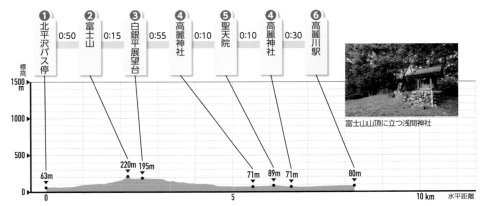

富士山山頂に立つ浅間神社

標高
1500 m
1000
500
0

63m　220m 195m　　　　　71m 89m 71m　　　80m

0　　　　　　　　　5　　　　　　　　10 km　水平距離

欄外情報 本コースは日高市が設定した推薦ハイキングコース「ふるさと歩道②」の一部を歩くコース。時間と体力に余裕があれば、高麗川駅から、ほかの社寺を含めた11kmコースを歩くのもいい。

奥武蔵の山並みを望む里から富士講の頂へ
関東平野を一望し、山麓の寺社に下る

空が大きく開ける白銀平展望台

概要 日高市の「ふるさと歩道」の人気スポット、白銀平展望台へは、コースの多くが舗装路で道標もよく整備されており、ファミリーから歩くことができる。富士山はかつて富士講の行者が山頂の浅間神社で国土安穏や五穀豊穣を祈った山。山麓の神社と併せれば充実の里山ハイクとなる。

コース ❶北平沢バス停で降りたら、手前の交差点まで戻り右へと進む。バイパスの北平沢運動場の交差点で信号を渡ったら右へ。道の反対側に平沢の天神社が見えてきたら、バイパスと分かれ左へとゆるやかに登っていく。交通量がそこそこ多いので注意したい。高麗川カントリークラブ入口を過ぎるとやがて白銀平展望台と周辺の絵地図があるY字路となる。案内に従い左へ進む。ここからは照葉樹に囲まれた薄暗い舗装路となる。じきにゴルフ場の柵沿いの道となり、右手に浅間神社の鳥居が見えたら富士山の登山口だ。階段道を登ると御師岩と下浅間社の石祠がある。ここから急登となるのでひと息入れたい。

富士山へは道標に従い左へ進む。すぐに急登となりひと汗流せば❷富士山の山頂に到着。木々に囲まれ展望はないが、浅間神社の祠と三角点、ベンチがある。

ひと休みしたら階段状の道を一気に下ってい

く。傾斜がゆるくなると高麗神社への分岐だ。山道を右に分けわずかに進めば舗装路に出る。白銀平へは右に進む。途中、白銀観音を経て、さらに進めばトイレ、あずまやがある白銀平となる。ここから階段道をひと登りで❸白銀平展望台。一気に眺望が開け、関東平野の奥に晴れていれば東京スカイツリー®や副都心の高層ビル群が遠望できる。左へと目を転ずれば筑波山も見えている。

大展望を満喫したら、高麗神社への分岐まで往路を戻る。ここからは杉木立に囲まれた山腹道を進む。しばらくたんたんと進んでから左にカーブし下って行くと舗装路となる。滝沢の滝への道を右に分け、高麗神社は左へ進む。右手にゴルフ場のフェンスが広がる道をひたすら下り、ゴルフ場入口を右に分ける。広い車道まで下りT字路を右へ進めば、高麗家住宅を経て❹高麗神社となる。

あずまやの先から白銀平展望台へと登る

耳よりコラム

高麗神社と聖天院

高麗神社はかつて高句麗から日本へと渡り、武蔵国高麗郡の開発に尽くした高麗王若光の霊をまつり、子孫により護られている神社。境内には水天宮もまつられている。隣接して立つ高麗家住宅は国指定重要文化財。聖天院は真言宗智山派の寺院で高麗王若光の王廟がある。中門から上部は拝観料300円が必要だが、庭園や本殿からの眺望はすばらしい。

参拝を済ませ聖天院へは先の車道まで戻らず、鳥居先右手の近道の案内に従い小道を進もう。じきに右前方の高台に❺**聖天院**が見えてくる。拝観料を支払い本堂まで階段を上がれば日高の街並みが広がる。

高麗川駅へは❹**高麗神社**まで戻り、駐車場向かいの道を下る。高麗川を出世橋で渡り、すぐ先を左へ進むと、途中、富士山と白銀平の山並みが見える。道がカーブし畑中の道を進めばバイパスだ。これを右へ進み、高麗川駅入口の交差点を左へ行けば❻**高麗川駅**に到着する。

出世橋付近からの富士山（右）と白銀平（中央）

越上山・顔振峠

越上山（おがみやま）・顔振峠（かあぶりとうげ）

山上集落から雨乞いの山を越えパワースポットの滝へ下る

東吾野駅→福徳寺→ユガテ→越上山→顔振峠→黒山三滝→黒山バス停

早春の顔振峠の山村風景。左の鋭峰は武甲山

公共交通機関

行き：西武池袋線東吾野駅　帰り：黒山バス停→川越観光自動車バス（約30分）→東武越生線・JR八高線越生駅

マイカー

圏央道圏央鶴ヶ島ICから国道407・299号などを経由して東吾野駅まで約17km。国道407号、県道114・30号などを経由して黒山三滝まで約20km。東吾野駅では駅駐車場、黒山三滝では周辺の駐車場を利用する。いずれも有料。

ヒント

黒山から越生駅行きのバスは本数が少ないので事前に確認しておきたい。マイカーの場合、越上山の往復登山となる。

問合せ先

飯能市観光・エコツーリズム推進課 ☎042-973-2124
越生町産業観光課 ☎049-292-3121
川越観光自動車（バス）☎0493-56-2001

総歩行時間 5時間55分　中級
総歩行距離 11.5km　初級
標高差 登り：434m 下り：398m　入門
登山レベル 体力：★★ 技術：★★

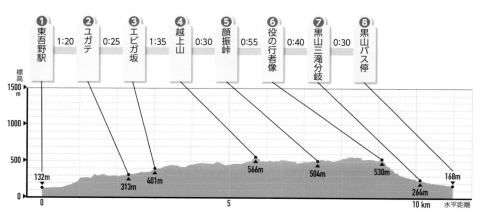

① 東吾野駅 1:20 ② ユガテ 0:25 ③ エビガ坂 1:35 ④ 越上山 0:30 ⑤ 顔振峠 0:55 ⑥ 役の行者像 0:40 ⑦ 黒山三滝分岐 0:30 ⑧ 黒山バス停

132m・313m・401m・566m・504m・530m・264m・168m

欄外情報 山上集落・ユガテは梅と桜が咲く頃がベストシーズンで、まさに桃源郷となる。さらにヤマザクラ、ツバキ、シャクナゲと続き、夏のひまわり畑の頃もいい。黒山三滝では7月第1日曜に滝開きが行われる。

民話と信仰と伝説が交錯する道をつなぎ
修験の古道をたどって名瀑の谷へ

十二曲り付近から越上山を望む

概要 かつて温泉が天まで吹き上げていたことから名がついたユガテ。越上山は雨乞いの神事が行われてきた拝みの山。義経が絶景に幾度も振り返ったことからその名がついた顔振峠。民話と信仰と伝説を体感しながら、役の行者像が山上から見下ろす修験の聖地・黒山三滝へと下っていく。

コース ❶**東吾野駅**から線路に沿って歩き出し、国道を渡り左折する。福徳寺方面へ右折し、ホタルがすむ川を行くと武蔵野三十三観音霊場30番の福徳寺に着く。顔振峠への道から分かれ、阿弥陀堂の見事な屋根の曲線を見ながら林道を行き、山道に入って吾那神社からの道を合わせる。植林の道を行くと虎秀村雨乞い塚の分岐があり、かつて雨乞いが行われた小ピークから秩父の山並みが望める。小休止はこの先の橋本見晴台がよい。男坂を上がればすぐに180度の展望が開ける。

　自然林の中に入り、うっそうとした森の中を行く。木工所に出て、その先の林道の二俣を右へ進むと❷**ユガテ**の明るい畑地が見えてくる。ここには300年も続く2軒の農家があり、敷地いっぱいに農作物が植えられた静かな山上集落だ。

　北向地蔵への道を分けて左へエビガ坂・鎌北湖方面へと進み、裏手の林道からすぐに山道に入る。木の根の道を行き、杉林に囲まれた❸**エビガ坂**で鎌北湖への道を分ける。しばらく緩急の上り下りを繰り返し、左下から林道を合わせ、鎌北湖への道を右に分けて再び山道に入る。木の根が大きく張り出した急坂を登り、鉄塔をくぐって進むと越上山が望める展望所に出る。滑りやすい赤土の急坂を下りると獅子ヶ滝への分岐となり、その先にも桂木観音の分岐がある。さらに露岩混じりの道を進んでいくと、やがて越上山への分岐に出る。険しい岩道を慎重に登り、行者の祠の上の岩場から関東平野を一望していくと、大きな岩に道をふさがれる。右側は切れ落ちているので左側を越えよう。しっかり手で確保して慎重に越えていくと樹林に囲まれた静かな❹**越上山**の山頂がある。

　下りも慎重に進み、特に行者の祠の横の岩場が下りづらい。祠を経由したほうがいいだろう。分岐に戻り神社を右に見て平坦な道をいき、諏訪神社からわずかに進むとグリーンラインに出る。車道

山上集落ユガテでは夏、ヒマワリがきれい

立ち寄りスポット

修験道の聖地からパワースポットの滝へ

男滝・女滝・天狗滝の黒山三滝から大平山にかけての一帯はかつて山岳仏教の聖地であった。江戸時代になり、越生出身の吉原遊郭副盟主が男滝と女滝を江戸に紹介すると、男女和合を祈願する江戸吉原講中で賑わうようになる。毎年7月上旬には滝開きの神事も行われ、かつての聖地の雰囲気を残している。

越上山

を歩くと茶屋がある⑤顔振峠（かあぶりとうげ）に着き、顔振峠見晴台を往復する。林道を下って草の道へ入ると⑥役の行者像（えんのぎょうじゃぞう）が祀られる大平山に出る。苔むした石像が近寄りがたいオーラを発して中央の塚に立つ。

石像を背に、修験の谷へと下っていく。静かな植林の道をひと下りすると、ロープが吊るされた岩場に出る。バランスをとって慎重に下ろう。下には沢の水場があり、さらに下ると⑦黒山三滝分岐（くろやまさんたきぶんき）に降り立つ。三滝を見て林道をいくと旧黒山鉱泉館があり、その先を左へいけば⑧黒山バス停（くろやまバスてい）に着く。

サブコースチェック

駅から駅への周回コース

顔振峠から吾野駅へ下るのも一般的だ。下山後のバス便を気にせずにすむのもうれしい。顔振峠からは道標に従い山上集落を抜け約1時間で吾野駅だ。本コースなら吾野駅か東吾野駅前の有料駐車場を利用すれば、車でも周回登山ができる。両駅間は電車を利用する。

大高取山

<small>おお たか とり やま</small>

越生駅→西山高取→大高取山→桂木観音→オーパークおごせ→越生駅

幕岩展望台より関東平野を一望。晴れた日はさいたま新都心や新宿副都心まで展望

中級	総歩行時間3時間25分
初級	総歩行距離8.7km
入門	標高差 登り:316m 下り:316m

登山レベル 体力:★ 技術:★

公共交通機関
往復：JR八高線・東武越生線越生駅から徒歩 ※オーパークおごせ利用者は越生駅まで送迎バスが利用できる。

マイカー
関越自動車道鶴ヶ島ICから国道407号、県道114・39・30号などを経由して世界無名戦士之墓まで約15km。10台程度の駐車スペースあり。

ヒント
マイカーの場合は、越生梅林や虚空蔵尊などの駐車場に停めて登ることもできる。越生駅から越生梅林入口までは川越観光自動車のバス便もあり、梅まつり期間中の土日祝は臨時バスも運行する。

問合せ先
越生町産業観光課☎049-292-3121
越生町観光案内所☎049-292-6783
川越観光自動車（バス）☎0493-56-2001

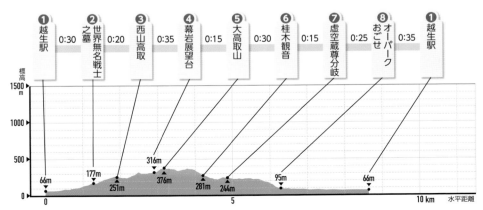

❶越生駅 0:30 ❷世界無名戦士之墓 0:20 ❸西山高取 0:35 ❹幕岩展望台 0:15 ❺大高取山 0:30 ❻桂木観音 0:15 ❼虚空蔵尊分岐 0:25 ❽オーパークおごせ 0:35 ❶越生駅

標高
1500 m
1000
500

66m　177m　316m　376m　251m　281m　244m　95m　66m

0　　　　　　5　　　　　　10 km　水平距離

欄外情報 道や道標はよく整備されているが、各方面から山道が延びているため分岐が多い。道標をしっかり確認し進むようにしたい。

幕岩で関東平野を一望し
下山は温泉でゆったり

概要 黒山自然公園内にある越生は関東三大梅林に数えられる越生梅林で知られる。そんな越生梅林の南東にそびえるのが大高取山だ。山上へは越生梅林をはじめ、東麓の五大尊ツツジ公園、虚空蔵尊などからも登れるが、ここでは世界無名戦士之墓から登り、オーパークおごせへと下るコースで紹介しよう。

コース ❶**越生駅**を降りたらまっすぐ進み、県道を右へと進む。すぐ先の報恩寺の脇を左へ入り、道なりに車道を登っていく。途中、左に越生神社があるので参拝していこう。さらに木々に囲まれた車道を登っていく。右へとカーブし正法寺の墓地の左側を進む。墓地の脇から左へと延びる山道もあるが、ぐるりと回り込めば世界無名戦士之墓に出るので、車道をそのまま進もう。じきに、トイレや駐車場がある広場に出る。ここから石段を登ると正面に屏風のように白壁が広がる❷**世界無名戦士之墓**に到着する。廟の上は展望台になっており、越生市街が見渡せる。

　大高取山へは左手から道標に従い山道へと入っていく。樹間越しに関東平野を望みながら進むと、すぐにカシの大木がある。はじめは杉・檜林をゆるやかに登っていく。山道が岩混じりになると傾斜がきつくなってくる。しかし、それもひと登り。

白亜の廟が目立つ世界無名戦士之墓

尾根に飛び出し、ゆるやかに進めば❸**西山高取**に到着する。山頂標はないが、南側が開けておりシラカバが数本立っている。

　ここで右から五大尊つつじ公園への道を合わせまっすぐ進む。一度、階段状の山道を小さく下ると丁字路に出る。左に虚空蔵尊への道を分け、右へとよく踏まれた山道をゆるやかに進む。梅雨のころなら、薄暗い林床にひっそり咲くオオバジャノヒゲが印象的だ。途中、再び五大尊つつじ公園への道を分け進むと、樹間越し右下にゴルフ場が望める。

　この先、途中、左に「山道」とだけ記された道があり二分するが、道標に従い右へと進む。さらに杉・檜林をゆるやかに進むと幕岩展望台への分岐となる。直接、大高取山へと登るには右へ進むが、ぜひ幕岩展望台に足を延ばそう。山腹を巻くように進み、最後にひと下りで❹**幕岩展望台**に到着だ。よく晴れた日は、筑波山から新宿方面まで

西山高取へと続く山道

樹林に囲まれたなかに三角点がある大高取山

朱塗りのお社の桂木観音

が一望できる。夏場は、オカトラノオが白い花を
たくさん咲かせている。

　ひと休みしたら、下ってきた道を戻り、先の分
岐を左からジグザグに登っていく。じきに広い尾
根上の道に出る。左に桂木観音への道を分け、右
へと2分ほど登れば**⑤大高取山**の山頂だ。樹林に
囲まれ展望はない。

　下山は先ほどの分岐まで戻り、尾根道を進む。
途中、南側の木が伐採されており少し展望が広が
るが、ほとんどは樹林の尾根道をアップダウンし
ながら下っていく。最後に一気に下ると**⑥桂木観**

花の時期で変えたい登山コース

越生梅林は2月中旬〜3月にかけ、古梅や白梅、
紅梅など約1000本が咲き誇り早春を鮮やかに
彩る。この時期は越生梅林コースがおすすめだ。
登山口は梅林入口バス停から左へと進み、梅園
神社を過ぎたところ。梅林入口から大高取山ま
で約1時間。越生のもう一つの花スポット、五
大尊つつじ公園では4月中旬から5月中旬にか
け、約1万株のツツジが咲き乱れる。五大尊つ
つじ公園から西山高取までは約45分。

音_{のん}に到着する。朱塗りの観音堂は柱の彫刻なども見事だ。ここから左へと車道を下っていく。じきに道標に従いユズ園の中へと入っていく。冬から梅が咲くころは、黄色の実をつけている。途中、❼虚空蔵尊分岐_{こくうぞうそんぶんき}で左への道を分け、さらに尾根づたいに下っていく。しばらくすると❽オーパークおごせに降り立つ。ぜひ、汗を流して帰りたい。

❶越生駅へは施設利用の場合、無料送迎バスが利用できる。歩く場合は、車道を下り丁字路を左折。あとは道なりに進み、駅前へと続く県道に出たら、左へと進めば駅前に戻れる。

立ち寄り湯

オーパークおごせ

2種類の露天風呂や内風呂、水着風呂などのある温浴施設のほか、キャンプ場、キャビン、レストラン、バーベキュー施設などが揃ったリゾート施設。施設の利用者は駅前の観光案内所までの無料送迎バスが利用できる。☎ 049-292-7889。入館料980円〜。10〜22時。第2木曜休。

子ノ権現
<small>ね の ごん げん</small>

吾野駅→前坂→522mピーク→スルギ→子ノ権現→西吾野駅

子ノ権現の手前から眺めた奥武蔵の山々

中級	総歩行時間**4時間40分**
初級	総歩行距離**8.6**km
入門	標高差 登り:**468**m 下り:**396**m

登山レベル 体力:★★ 技術:★★

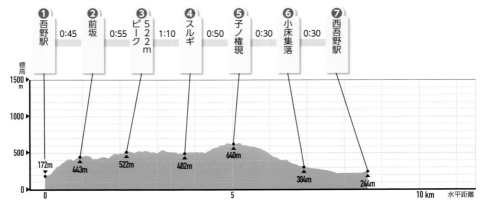

① 吾野駅 0:45 ② 前坂 0:55 ③ 522mピーク 1:10 ④ スルギ 0:50 ⑤ 子ノ権現 0:30 ⑥ 小床集落 0:30 ⑦ 西吾野駅

172m / 443m / 522m / 482m / 640m / 304m / 244m

欄外情報 逆コースのほうが下り気味となるのでいくぶん楽。吾野駅に駐車している場合は、子ノ権現から青場戸経由で直接、吾野駅に下るとよい。

尾根道の上下を繰り返し高度を上げる。
分岐に惑わされつつゴールを目指すおもしろさ

概要 日本一の大きさといわれる鉄わらじがシンボルの山上寺院、子ノ権現（天龍寺）は、北西側の伊豆ヶ岳からこそよく歩かれているものの、東側の前坂方面から歩く人は少なく、静かな山歩きが堪能できる。コースの途中には、迷うほどではないがそれなりに考えさせる複雑な分岐もあり、山歩きの勘を養うにはおすすめだ。

コース ❶**吾野駅**前を左に100mほど歩き、右手の階段を降りてホーム下のトンネルをくぐる。ここを抜けると広大な墓地。左に行った車道脇に「大高山 天覚山」と書かれた木製の道標が立ち、墓地管理棟横から登山道が始まっている。

杉林の中をひたすら登る。いつしか道は尾根の右側に沿って延び、途中でその尾根を乗り越して左側を歩くようになれば、ほどなく❷**前坂**の十字路だ。左は天覚山、正面は竹寺方面に続く道で、ここは右のスルギ方向に行こう。

ゆるやかな道を10分ほどで「前方進入禁止」の立て札にぶつかる。採石場があるためで、ここは赤色のテープと案内板を目印に踏み跡を左に下っていったん車道に出る。この車道を右に5分ほど歩くと登山道の入口を示す道標が足元に現れ、傍らには小さな祠がある。

再び山道をたどると屋根付きのお地蔵さんがまつられ、あたりは杉林から広葉樹林に変わっていく。気持ちのよい尾根をたどった先が最初のピー

茅と杉の皮の多層屋根が特徴の子ノ権現天竜寺本坊

ク、❸**522mピーク**で、狭い頂には三角点が置かれ、西には遠く、子ノ権現の屋根が見えている。

ここからはいくつものピークを越えたり巻いたりしながら高度を上げていく。何度も現れる分岐では登山者手製の白や黄色の道標が見られるが、いずれも信用できるものだ。

続いて532mのピークを越える。いったん下って分岐を右に行き、見上げるような急坂を登り切れば540mピーク。その先の鞍部の分岐は右に巻くように歩き、続いて左方向に下ったところが久々戸分岐。大きな杉の根元に小さな白い道標があり、ここは右に行く。道はほどなく急角度で左に曲がり、右手には吾野駅への道が下っている。

コース途中にまつられたお地蔵さま

立ち寄り湯

休暇村奥武蔵

国道299号沿い、ハイキングの拠点としても利用できる休暇村。温泉ではないが、露天風呂や内風呂、サウナが備わり、休暇村〜吾野駅間の無料送迎定期バスも利用できる（バス時刻は事前に要確認）。また、本館以外に6〜7人が泊まれるログハウス3棟があり、売店なども充実している。☎042-978-2888。入浴料800円。日帰り入浴11〜15時。

この場所が❹**スルギ**で、朽ちかけた道標には、おぼろげな文字で「するぎ」と書かれている。

ここから子ノ権現まではもうひと登り。終盤の急坂はつらいが、周囲が開け始めれば残りわずか。駐車場を抜け、少しの車道歩きで❺**子ノ権現**だ。足腰守護に御利益があるといわれる権現には、大きな鉄のわらじや鉄の下駄が鎮座し、数多くのミニわらじが奉納されている。

子ノ権現からは北面の車道を下る。途中、吾野駅への分岐を見送り、そのすぐ下にある西吾野駅方面の道標に従い、再び山道に入る。30分もし

ないうちに❻**小床集落**。ここから車道を歩いて国道に出たら左折し、短い橋を渡った先の信号を右に行けば❼**西吾野駅**だ。

540mピークへの登りは本コース一番の急登

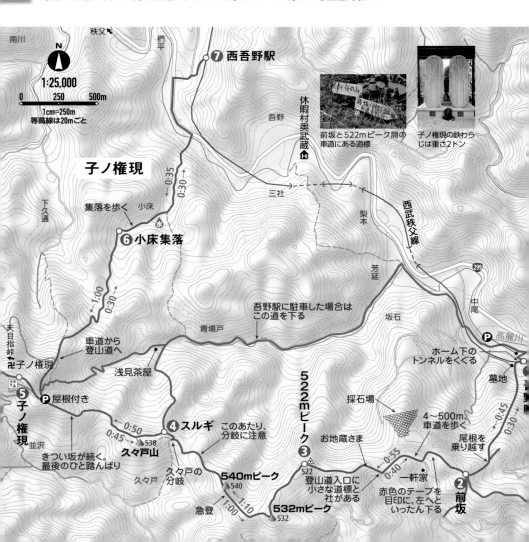

前坂と522mピーク間の車道にある道標

子ノ権現の鉄わらじは重さ2トン

関八州見晴台
かん はっ しゅう み はらし だい

西吾野駅→間野→高山不動尊→関八州見晴台→八徳→石地蔵→吾野駅

関八州見晴台から特徴のある山容でよく目立つ武甲山と両神山を望む

公共交通機関
行き：西武秩父線西吾野駅
帰り：西武池袋線吾野駅

マイカー
圏央道圏央鶴ヶ島ICから国道407号、県道15号、国道299号を経由して吾野駅下の旧道沿いにある民間駐車場まで約25km。満車の場合は、西吾野駅の一つ先の正丸駅の駅駐車場（有料）を利用してもいい。正丸駅〜西吾野駅間は4分。

ヒント
西吾野駅や吾野駅へは、土日祝の朝に西武池袋線池袋駅から直通の快速急行が運行される。

問合せ先
飯能市観光・エコツーリズム推進課
☎042-973-2124
奥むさし飯能観光協会☎042-980-5051

総歩行時間 **4**時間**10**分　中級
総歩行距離 **10.8** km　初級
標高差 登り：**527**m 下り：**599**m　入門
登山レベル 体力：★★ 技術：★★

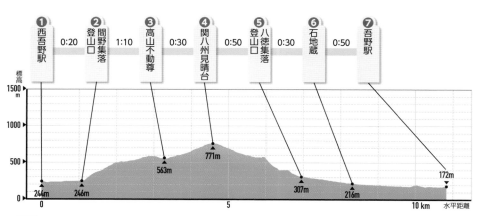

① 西吾野駅 0:20 ② 間野集落 登山口 1:10 ③ 高山不動尊 0:30 ④ 関八州見晴台 0:50 ⑤ 八徳集落 登山口 0:30 ⑥ 石地蔵 0:50 ⑦ 吾野駅

244m 246m 563m 771m 307m 216m 172m

欄外情報 関八州見晴台から高山不動三滝（大滝・白滝・不動滝）を経て西吾野駅に戻るコースもよく歩かれている。花立松ノ峠を経て黒山三滝へ下ることもできる。

139

山上に立つ高山不動尊に詣で
奥の院のまつられた関八州見晴台へ

高山不動尊の奥の院が鎮座する関八州見晴台

概要 東京の高幡不動、千葉の成田不動とともに関東三大不動の一つといわれる高山不動尊。その奥の院が鎮座する台地が関八州見晴台だ。関八州とは武蔵、上野、下野、常陸、下総、上総、安房、相模をいう。その名のとおり、周囲に見事な展望が開ける。高山不動尊には各方面から参拝道が通じており、さまざまなコースを選べるが、ここでは西麓の間野集落から登り、南東麓の八徳集落に下る道をたどってみよう。

コース 起点になるのは西武秩父線の❶西吾野駅だ。駅前から車道を下り、西吾野橋で北川を渡ったら、北川沿いの車道を上流に向かう。西武秩父線のガードをくぐり、右にパノラマコースを見送ると、高山不動尊への道標が立つ❷間野集落登山口に着く。

歩行者用の鉄橋で北川を渡り、民家の間を直進すると、すぐに左に折れて山道を登るようになる。溝状にえぐられた道を小さくジグザグに切りながら登っていく。尾根道から山腹道に進むころ、萩の平茶屋跡に出る。まだベンチは利用できるので、ひと休みするのによい。

萩の平茶屋跡の先で右からパノラマコースが合流し、山腹道から尾根上に出てゆるやかに登っていく。やがて関八州見晴台に直接行ける道と高山不動尊に行く道との分岐に出る。ここは右の高山

不動尊への道に進み、ひと下りすれば、大イチョウの茂る❸高山不動尊の境内に入っていく。左手の急な石段を登って不動堂に参拝しよう。

高山不動尊の東参道を進み、車道に出たら左にたどって関八州見晴台の登り口に着く。ベンチの置かれた園地風の樹林帯を登ると、再び車道に出るが、すぐに次の登り口が現れる。6月にはヤマツツジが花のトンネルをつくる道を登れば、広々とした❹関八州見晴台に着く。中央部に高山不動尊の奥の院が立ち、隣接してあずまやも設けられている。方面ごとに展望図があるので、参考にしながら大きな眺めを楽しもう。

関八州見晴台を後に往路を高山不動尊の東参道入口まで戻り、車道をそのまま進めば左手に八徳や志田方面への道標が立っている。薄暗い樹林のなかを進み、八徳方面への道標に従いながら分岐

関八州見晴台の最後の登り口

高山不動尊を見学

高山不動尊の正式名は高貴山常楽院。654年に藤原鎌足の第二子長覚坊が関東鎮圧のために創建したと伝わる。山伏の修験道場として栄え、36坊を数えた時期もあったが、再三の火災に遇い、今は3堂を残すのみ。木造軍荼利明王立像は国の重要文化財、不動堂と絹本着色不動明王画像は県の有形文化財、大イチョウは県の天然記念物に指定。

を通過する。やがて沢沿いを下るようになると、ほどなくして⑤八徳集落登山口に出る。

車道を右に進むと、すぐに顔振峠などに通じる車道と合流し、ここも右にとって長沢川沿いを下流に向かう。民家が目立ってくるころ、⑥石地蔵の置かれた三叉路に出る。

なおも長沢川沿いを進み、吾野駅への道標の立つ分岐に着いたら右の細い車道を登って高台を越える。国道299号の手前で右に分岐するトンネル道を行き、高麗川を渡って吾野宿を通れば⑦吾野駅は近い。

5月上旬、ヤマツツジに覆われる関八州見晴台の山頂

37

岩稜が際立つ奥武蔵の人気の山をロングコースで

標高 **851** m

伊豆ヶ岳

<small>い ず が たけ</small>

正丸駅→馬頭観音堂→伊豆ヶ岳→古御岳→高畑山→天目指峠→子ノ権現→吾野駅

ヤマツツジが咲く伊豆ヶ岳山頂部

中級	総歩行時間 **5時間30分**
初級	総歩行距離 **11.8** km
入門	標高差 登り：**556**m 下り：**666**m

↑ 登山レベル 体力：★★ 技術：★★★

公共交通機関

行き：西武秩父線正丸駅
帰り：西武池袋線吾野駅

マイカー

圏央道狭山日高ICから県道347号、国道299号を経由して約27kmの正丸駅駐車場（有料）を利用。下山地の吾野駅から正丸駅へは西武秩父線に乗って10分。コース上では、ほかに子ノ権現にも駐車場がある。

ヒント

正丸駅や吾野駅へは、土日祝の朝に西武池袋線池袋駅から直通の快速急行が運行される。

問合せ先

飯能市観光・エコツーリズム推進課
☎042-973-2124
奥むさし飯能観光協会☎042-980-5051

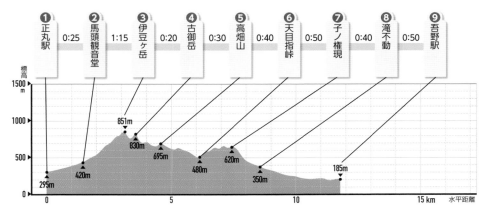

❶ 正丸駅　0:25　❷ 馬頭観音堂　1:15　❸ 伊豆ヶ岳　0:20　❹ 古御岳　0:30　❺ 高畑山　0:40　❻ 天目指峠　0:50　❼ 子ノ権現　0:40　❽ 滝不動　0:50　❾ 吾野駅

標高 1500m

851m
830m
695m
620m
480m
350m
420m
295m
185m

0　　　　　5　　　　　10　　　　　15 km　水平距離

欄外情報 子ノ権現から精進料理が有名な竹寺（☎042-977-0108・要予約）を訪れるのも一案。竹寺まで歩くと1時間20分ほど。飯能駅行きのバスが出る小殿バス停へは竹寺から約40分。

伊豆ヶ岳からいくつものピークを越え
足腰に御利益のあるという古刹へ

安産子育信仰を偲ばせる安産地蔵尊

概要 岩稜の山頂部を持つ伊豆ヶ岳は、奥武蔵の山のなかでも、ひときわ人気が高い。高台に堂宇の立ち並ぶ子ノ権現とを結ぶコースは、変化に富んだ縦走路になっており、多くのハイカーに歩かれている。ただし、歩行距離がかなり長いため、時間に余裕を持ったプランニングを心がけたい。伊豆ヶ岳の山頂に立ったとき、時間が遅かったり、体力に自信がないようなら、正丸峠を経て正丸駅に戻る回遊コースにするとよいだろう。

コース ❶**正丸駅**の改札を出たら、右手の階段を降り、大蔵山集落に通じる細い車道に下り立つ。西武秩父線のガードをくぐり、大蔵川沿いの車道を上流に向かう。右に安産地蔵尊を見て、なおも車道を進むと、伊豆ヶ岳への登山道が左に分岐する❷**馬頭観音堂**の前に出る。

正丸峠方面に延びる車道を離れ、道標に従い樹林のなかに続く登山道を進む。小高山方面への道を右に見送り、沢沿いの道をたどっていくと、荒れて滑りやすい急斜面を登るようになる。急斜面を登りきって支尾根に出れば、ほっとひと息。支尾根通しにゆるやかに登り、五輪山の山腹を巻いてベンチの置かれた鞍部に出る。かつては、この

鞍部から伊豆ヶ岳の山頂に、男坂と女坂の2コースが通じていたが、現在の男坂は落石の危険があるため実質的に通行禁止。女坂も山頂近くで崩壊したため、途中から迂回路を登って❸**伊豆ヶ岳**の山頂に達する。南北に細長く開けた山頂の一角には山名標識や三等三角点などが置かれ、木立越しに奥武蔵の山並みが眺められる。

伊豆ヶ岳の山頂から南に下る道を進む。滑りやすい急斜面は足元に要注意。鞍部まで下ってから、ゆるやかに登り返すと❹**古御岳**の山頂に出る。ベンチは設けられているが、周囲は樹林に覆われ展望はきかない。古御岳の南面を急下降した後、小さなアップダウンを繰り返すと、❺**高畑山**の山頂に着く。広々とした山頂だが、ここも展望は開けない。たんたんとした道を進み、送電線の鉄塔脇

男坂のクサリ場は実質通行禁止

伊豆ヶ岳の南面から古御岳にかけてはイロハモミジやカエデの巨木が多い

南北に細長く開けた伊豆ヶ岳の山頂は岩盤や岩塊が目立つ

ノ権現の屋根付き駐車場が広がり、ここから車道を下っていく。すぐに右手に吾野駅方面への山道が分岐するので、道標に注意しよう。杉の巨木の多い樹林帯を下り、降魔橋を渡れば、車道をたどるようになる。沿道に民家の点在する車道を行き、

を通って中ノ沢ノ頭の北山腹を巻くころ、進路は南から東に変わっている。路傍に祠を見ると、車道が越えている❻**天目指峠**に下り立つ。

　車道を横断し、再び山道に入っていく。ほぼ尾根通しに続く道をたどり、小ピークを越えていくと、右に竹寺方面への道が分岐する。平坦地に出て、舗装路を登れば❼**子ノ権現**の境内に入る。庫裡の前に出たら、左の階段を上がって本堂に参拝しよう。本堂前には子ノ権現の名物にもなっている鉄製の大草鞋と高下駄も並んでいる。

　巨大な赤仁王像を見て参道を下っていくと、子

耳よりコラム

子ノ権現を見学

正式名は天台宗特別寺 子ノ権現天龍寺。911年創建という歴史のある天台宗の古刹だ。標高620mの高台に本堂や庫裡が立ち並ぶ。火伏と足腰の病に霊験あらたか。ハイカーなら一度は参拝しておきたい寺といえるだろう。境内でひときわ目を引くのが、鉄製の巨大な草鞋と高下駄。信者たちが奉納したもので、草鞋は1足2トンもあるという。

沢沿いで見かけたヤブデマリ

手打ちうどんが名物の浅見茶屋を右に見ると、まもなく❽滝不動の立つ分岐に出る。青場戸集落のなか、車道をしばらく行き、国道299号の直前に架かる芳延橋のたもとで右折。民家の間を進むと、山道を行くようになり、民家が現れたら再び車道を行く。国道299号に出てすぐに右の小道に入り、西武秩父線の踏切を渡って左の線路沿いの道へ。墓地の下で歩行者用のトンネルをくぐれば❾吾野駅に出られる。

サブコースチェック

伊豆ヶ岳の山頂から子ノ権現に行かず、反対方向の正丸峠に進み正丸駅に戻るコースにしてもよい。正丸駅駐車場を利用するマイカー登山や短時間で伊豆ヶ岳を楽しむ場合に適している。登山は本コースをとり、下山は往路を五輪山手前の鞍部まで戻る。五輪山から尾根通しに行き、小高山を越え正丸峠へ。正丸峠で主稜線を離れて階段道を下り、小沢沿いを進んで馬頭観音堂に着く。伊豆ヶ岳→30分→小高山→25分→正丸峠→30分→馬頭観音堂。

幽谷と大展望と温泉と。よくばりな山歩き

標高 **969**m

棒ノ嶺（棒ノ折山）

ノーラ名栗・さわらびの湯バス停→白谷橋→岩茸石→棒ノ嶺→岩茸石→河又名栗湖入口バス停

棒ノ嶺頂上から奥武蔵の山々を望む

中級	総歩行時間 **4時間10分**
初級	総歩行距離 **8.3**km
入門	標高差 登り:**714**m 下り:**739**m

↑ 登山レベル 体力:★★ 技術:★★

公共交通機関

行き：西武池袋線飯能駅→国際興業バス（約40分）→ノーラ名栗・さわらびの湯バス停／帰り：河又名栗湖入口バス停→国際興業バス（約45分）→飯能駅

マイカー

圏央道入間ICから国道16・299号、県道70・53号を経由して約25km。さわらびの湯第3駐車場を利用。また、白谷橋先に6〜7台、200mほど手前にも6

〜7台分のスペースあり。

ヒント

平日の場合、ノーラ名栗・さわらびの湯バス停への朝の便はないので、河又名栗湖入口バス停を利用する。ノーラ名栗・さわらびの湯バス停へは徒歩で5分程度。

問合せ先

奥むさし飯能観光協会☎042-980-5051
国際興業バス飯能営業所☎042-973-1161

❶ ノーラ名栗・さわらびの湯バス停 0:25 ❷ 白谷橋 1:20 ❸ 岩茸石 0:25 ❹ 権次入峠 0:15 ❺ 棒ノ嶺（棒ノ折山）0:10 ❹ 権次入峠 0:15 ❸ 岩茸石 1:20 ❻ 河又名栗湖入口バス停

標高
1500m
1000
500
0

255m 330m 720m 895m 969m 895m 720m 230m

0 5 10 km 水平距離

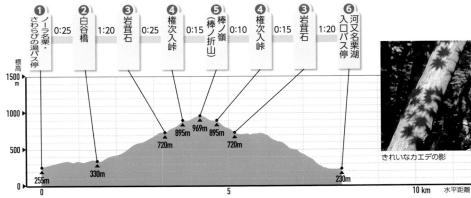

きれいなカエデの影

欄外情報　白谷沢コースは沢を何度も渡り、ゴルジュも通過する。大雨の後や雨天が予想される日は、他コースを検討したい。日帰り入浴にはさわらびの湯（P153）がおすすめ。

沢登り気分で白谷沢を遡り、急登の尾根へ。
頂からの大展望を楽しみ、温泉へと下る

概要 棒ノ折山ともよばれる棒ノ嶺は、広々とし
た頂上からの展望が自慢。奥多摩側の清東
橋から登るのが最短コースだが、ここでは白く流
れ落ちる滝や深いゴルジュ（両側から岩壁が迫っ
た峡谷）の景観が楽しめる白谷沢からのコースを
紹介する。沢を歩くといっても、道はきちんと整
備され、注意箇所にはクサリも設置されているの
でなんら危険はない。夏も涼しく、晴れた日の頭
上の緑と暗い沢のコントラストには目を奪われ
る。尾根筋での頂上への急登には汗を絞られるが、
標高を一気に上げてくれるので、むしろ心地よい。

コース ❶ノーラ名栗・さわらびの湯バス停から、
広い車道を有間ダム（名栗湖）に向けて登
る。埼玉県営として第1号のこのダムは、都市近
郊には珍しいロックフィルダム（岩石や土砂を積
み上げて造ったダム）で、堤高は83.5m。希望
すればダム内部の見学もできる（有間ダム管理所
☎042-979-0914）。

右に名栗湖を見ながら堤の上を歩き、なおも車
道を行くと、前方に橋が見えてくる。これが❷白
谷橋で、橋を渡ったすぐ先から左に入っていく道

ゴルジュ帯のクサリ場。足場はよく歩きやすい

が白谷沢コースだ。

白谷の泉と名づけられた水場（現在は涸れてい
る）の脇を通って始まる登山道は最初、沢の上部
の杉林を歩くが、沢音が近づくにつれ、いつしか
沢沿いを歩くようになる。ほどなく藤懸の滝で、
登山道の下の展望スペースから全貌を眺めること
ができる。この滝の先には休憩に適した平坦地が
あり、ここから沢は荒々しさを増していく。

やがて、岩壁がのしかかってくるようなゴルジュ
帯。ちょっと見ただけでは一般の登山道と思え
ないほどの迫力だ。濡れた岩で滑らないよう注意
し、手すり状にかけられたクサリ場を慎重に越え
る。ゴルジュ帯の最上部からは、細めで上品な白
孔雀の滝が静かに落ちているが、この滝を過ぎて

白谷沢のゴルジュ帯を行く

セーフティ・チェック

登山中の虫対策

山で悩まされるのが、ヤブ蚊やブヨ、ハチ、アブ
などの虫。対策にはまず虫除けスプレーがある。
ヤブ蚊はこれでOK。だが、ほかの虫にはあま
り効果がない。そこで登場するのがハッカ油。
水とアルコールで薄めて露出部に塗ると、ブヨ
やアブに効果があるという。汗で流れたら、再
塗布する。また、スズメバチは黒色を狙う性質
があり、服やザックの色選びも大事な対策。

（上から順に）
広場のような権次入峠
あずまやのある棒ノ嶺頂上
棒ノ嶺頂上で展望を楽しむ登山者

登山道の交差点となっている岩茸石

木橋を渡れば沢は穏やかになり、沢から離れてひと登りで林道に出合う。すぐ先にベンチが置かれ、絶好の休憩ポイントだ。

あずまやからは短い急登のあと、平坦な道が❸**岩茸石**まで続いている。この岩茸石は十字路になっていて、南東は湯基入林道へ、北東は今回の下山コースである滝ノ平尾根へ、そして南西に延びるのは権次入峠を経て頂上へとつながる道だ。

岩茸石から権次入峠、そして峠から頂上へと続く2つの登りは、当コースで最も疲れるが、時間的にはけっして長くない。ゆったり構えて歩きだそう。歩幅を決められてしまう木段は登りづらいが、土砂の流出を防ぐためにも木段を歩きたい。ただし、木段が濡れていると滑りやすく、下りの時は十分な注意が必要だ。

呼吸を整えたら、頂上に向けて出発。まずは20分ちょっと頑張って❹**権次入峠**。名栗湖を見下ろしながらひと休みといこう。

続いて峠から頂上。こちらもきついが、あっという間。15分とかからずに、あずまややベンチのある❺**棒ノ嶺（棒ノ折山）**だ。奥多摩側から登ってくる人も加わって、天気のよい週末はそれは賑やか。多くの登山者が、ぐんと開けた奥武蔵の山々に顔を向け、昼食のおにぎりを頬張っている。

武甲山や伊豆ヶ岳、丸山といった奥武蔵の人気者に別れを告げたら、急な下りでのスリップに気をつけながら❸岩茸石まで来た道を戻る。

さて、ここ岩茸石からは、ガイドブックではあまり紹介されない滝ノ平尾根を下ることにしよう。スタートは岩茸石の左側。狭い空間をよじるようにして岩の横を通り抜けると整備された登山道に出る。最初のうちはゆるい登り下りが続き、広葉樹と針葉樹が混ざり合った歩きやすく明るい尾根道にペースを上げることができるだろう。この前半部分で3本の林道を横切ったあと、周囲は深い杉の森へと変わっていく。心地よい森だが傾斜は急になり、張り巡らされた木の根につまずかないよう細心の注意が必要だ。

途中、左手が開けた休憩ポイントを過ぎればあとわずか。木々の間からさわらびの湯が見え始め、民家の横を抜けて橋を渡れば車道に飛び出す。車道を右に行けば、ほどなく❻河又名栗湖入口バス停だ。

有間ダムから見た名栗湖

サブコース・チェック

棒ノ嶺へは奥多摩側からも登れる。川井駅から西東京バスで上日向または清東橋まで入り、百軒茶屋キャンプ場が登山口。ワサビ田や植林帯を抜けて山頂へは2時間弱。下山は岩茸石から湯基入林道経由で名栗川橋に下るといい。岩茸石から1時間30分ほど。途中には名栗温泉大松閣がある。林道を行くため天候の急変時も安心。

雑木林の尾根歩きが気持ちよい、奥武蔵らしい頂へ

標高 **1044** m

蕨山
わらび　やま

名郷バス停→蕨山→大ヨケの頭→金比羅神社跡→ノーラ名栗・さわらびの湯バス停

蕨山へと続く広葉樹に包まれた落葉樹の尾根道

中級	総歩行時間 **4時間50分**
初級	総歩行距離 **10.5** km
入門	標高差 登り:**718m** 下り:**791m**

↑ 登山レベル 体力:★★ 技術:★★

公共交通機関

行き:西武池袋線飯能駅→国際興業バス（約1時間）→名郷バス停

帰り:ノーラ名栗・さわらびの湯バス停または河又名栗湖入口バス停→国際興業バス（約45分）→飯能駅

マイカー

圏央道狭山日高ICから国道299号、県道70・53号を経由してさわらびの湯まで約24km。さわらびの湯の第3駐車場

が登山者用になっている。

ヒント

マイカーの場合は、さわらびの湯の駐車場に停めて、バスで名郷へと向かうのがよい。なお、バスはさわらびの湯に寄らない名郷直通バスもある。その場合は、河又名栗湖入口バス停を利用する。

問合せ先

奥むさし飯能観光協会☎042-980-5051
国際興業バス飯能営業所☎042-973-1161

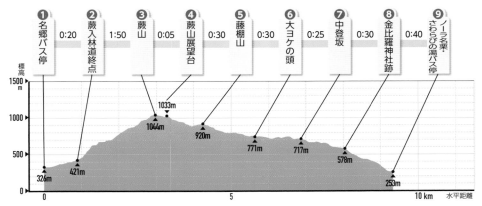

❶名郷バス停 0:20 ❷蕨入林道終点 1:50 ❸蕨山 0:05 ❹蕨山展望台 0:30 ❺藤棚山 0:30 ❻大ヨケの頭 0:25 ❼中登坂 0:30 ❽金比羅神社跡 0:40 ❾ノーラ名栗・さわらびの湯バス停

標高 1500m / 1000 / 500 / 0

326m / 421m / 1033m / 1044m / 920m / 771m / 717m / 578m / 253m

0 / 5 / 10 km　水平距離

欄外情報 名郷バス停のそばにも有料駐車場がある。こちらを利用する場合は、蕨山から橋小屋ノ頭へと登り、滝ノ入頭、鳥首峠とたどり、白岩入へと下り、名郷へと周回コースをとることもできる。

名郷から杉林の急坂を登り
穏やかな尾根をたどって温泉へと下る

概要 奥武蔵の山は多くの地域で植林がされており味気ない。しかし、蕨山は尾根上へ上がれば、ミズナラやコナラ、クヌギ、カエデなどの自然林に包まれ気持ちよい山歩きが楽しめる。山頂の展望台からは奥武蔵や関東平野、奥多摩の山々の展望も楽しめる。

コース ❶**名郷バス停**で降りたら飯能方面へ少し戻ると、「蕨山へ4.5km」の道標がある。蕨入橋を渡り林道へと入っていく。杉に囲まれた林道をゆるやかに登っていけば❷**蕨入林道終点**だ。「蕨山へ2.5km」の道標に従い、蕨入の沢を渡り、植林帯を一気に登っていく。本コース中の一番の登りなので、まずはマイペースでゆっくりいこう。植林帯を登ること、40分ほどで尾根上に出る。ここから道標に従い左へと尾根道をたどる。

ここから傾斜はだいぶゆるやかになるが、何度かちょっとした急登がある。周囲はミズナラやホオノキ、ツガ、アカマツなどが見られ、新緑の頃はなんともきれいだ。春から初夏には各種ツツジが花を咲かせている。途中、岩混じりの道を登っていくと、山頂直下の有間山への分岐に出る。地

尾根へと突き上げる杉林のなかの急坂

開けた尾根上から伊豆ヶ岳を展望

図上での❸**蕨山**の最高点1044mは、有間山方面へ少し行ったところにあるので足を運んでみよう。わずかに下ってから登り返すとベンチが1つ置かれている。樹林に囲まれ展望はないので、ピークを踏んだら引き返そう。

分岐へ戻ったら、❹**蕨山展望台**へは300m。最後、一気に登れば1033mのピークに到着だ。周囲の木々が高くなってはいるが、開けた頂からは大持山や武甲山、武川岳へと続く尾根が、よく晴れた日には赤城山や日光連山なども展望できる。ベンチや展望板もあるのでゆっくり休みたい。

山頂からは一気に下っていく。特に2段目の下りはなかなかの急傾斜なので、雨の後などはスリップに注意したい。このあたりから❺**藤棚山**にかけては防火帯のゆるやかな尾根道が続き、新緑のころはとくにきれいだ。だらだらとした道はなか

楽しさアップの自然観察
匂いでわかるガクウツギ

蕨入林道終点から植林帯へ歩を進めると、初夏ならガクウツギが独特の匂いを発している。ウツギの名がつくが、ユキノシタ科アジサイ属の落葉低木。アジサイの仲間だけに装飾花をつけた感じはアジサイに似ている。ただ、白い装飾花の萼片は3枚で大きさがバラバラなのが特徴。

中登坂の先から見た名栗湖

アカヤシオの多い山としても知られる

急な斜面を安全に下る

蕨山直下の下りはなかなかの急傾斜。雨で山道が湿っている場合は注意が必要だ。怖くて腰が引けると、体重が踵側に乗り滑りやすい。ストックやステッキがある場合は、長めにして前につくことで後傾が防げバランスがとりやすい。さらに急傾斜では半身となり、滑ってもすぐ手が付けるようにしておくと安心だ。複数で歩いている場合は、スリップで直前の人を巻き込まないように間隔を空けることも大切。

なか標高を下げていかないが、それでも、**❻大ヨケの頭**あたりでは、右手の展望が開け、棒ノ嶺（棒ノ折山）、川苔山方面が望める。右下には林道が見えてきて、少し下ると林道を横断。

　再び、ゆるやかな道を下っていく。**❼中登坂**を過ぎると、右下に、名栗湖が見えてくる。ここからひと下りで、金比羅神社跡の手前に気持ちのよい広場がある。昼寝をしたくなるような草地なので、ひと休みをするといい。この草地から少し進めば**❽金比羅神社跡**に到着。社殿は焼失してなくなってしまったが、現在は小さな石祠と奥之院と

書かれた石碑がまつられている。

　ここから、ノーラ名栗・さわらびの湯バス停までは1.2km。何カ所か急斜面のある最後の大下りとなるが、初夏のころなら、登山道沿いではマルバウツギやコアジサイなどが目を楽しませてくれる。再び、植林帯を下っていくと、東南側が少し開けた見晴らしがある。ここから、さらにひと下りすれば、民家の脇を抜け**❾ノーラ名栗・さわらびの湯バス停**に到着する。バスの時間を確認したら、大きな駐車場の脇を通り、温泉へと向かい汗を流して帰ろう。

立ち寄り湯

さわらびの湯

地元産の西川材を使った温もりある館内に、大浴場や露天風呂、スチームサウナが完備。泉質はアルカリ性単純温泉で神経痛や疲労回復、筋肉痛などの効能。地元の名産品なども販売。☎042-979-1212。入浴料800円。10〜18時（GW、夏休みは〜19時）。毎月第1・3水曜休。

武川岳
たけ かわ だけ

🥾 オーグリ入入口→登山口→稜線上の分岐→武川岳→蔦岩山→焼山→二子山→芦ヶ久保駅

伊豆ヶ岳から見た武川岳。右の尖峰は武甲山

中級	総歩行時間 **4時間50分**
初級	総歩行距離 **8.5km**
入門	標高差 登り:**461m** 下り:**736m**

登山レベル 体力:★★ 技術:★★

公共交通機関
行き：西武秩父線芦ヶ久保駅→タクシー（約15分）→オーグリ入入口
帰り：芦ヶ久保駅

マイカー
圏央道圏央鶴ヶ島ICから国道407号、県道15号、国道299号を経由して芦ヶ久保駅前の道の駅果樹公園あしがくぼまで約45km。登山者は第2駐車場が指定されている。

ヒント
登山口に近い名栗げんきプラザにも駐車（無料）できるが、下山後、車の回収が必要になる。駐車の際は、事務所（☎042-979-1011）に連絡すること。

問合せ先
横瀬町振興課☎0494-25-0114
奥むさし飯能観光協会☎042-980-5051
秩父丸通タクシー☎0120-02-3633
秩父観光タクシー☎0120-245-611

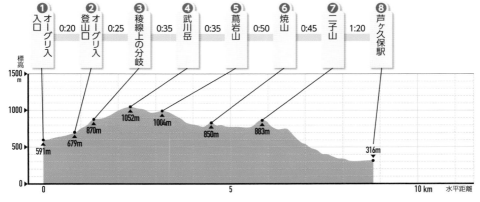

① オーグリ入入口 0:20 ② オーグリ入登山口 0:25 ③ 稜線上の分岐 0:35 ④ 武川岳 0:35 ⑤ 蔦岩山 0:50 ⑥ 焼山 0:45 ⑦ 二子山 1:20 ⑧ 芦ヶ久保駅

標高 1500m 1000 500 0

591m / 679m / 870m / 1052m / 1004m / 850m / 883m / 316m

0　　　　5　　　　10km 水平距離

欄外情報 オーグリ入入口より徒歩15分ほどの山伏峠から、伊豆ヶ岳への最短路が通じている。峠から頂上まで約50分。車なら、名栗げんきプラザに駐車し（無料）、2時間ほどで周遊できる。

雑木の尾根にカタクリ咲く武川岳から いくつもの山を越え芦ヶ久保駅へ

概要 秩父の盟主・武甲山の隣に位置する武川岳は、東京周辺のハイカーたちに人気の高い山。ここで紹介するコースは、登路こそ最短だが、駅に向けての下山ルートが長い。危険箇所や迷いやすいところは少ないものの、いくつもの山を越えるためにある程度の体力が必要になる。雑木林のあちこちにカタクリが咲く4月上旬から5月の新緑にかけての時期がもっとも楽しい。

コース ❶オーグリ入入口から林道を歩く。「入」とはこの地方で沢のことを言い、オーグリ入を漢字で表現すると「大栗沢」となる。

静かでゆるやかな林道を登っていくとやがて前方が開け、武川岳のなだらかな稜線が見えてくる。春ならば対岸のヤマザクラが輝くような薄桃色を見せてくれることだろう。❷オーグリ入登山口はまもなくだ。

道標に従い右の登山道に入る。いきなり杉林の急登になるが、それも20分ちょっと。稜線まで足慣らしのつもりでいこう。

ひと汗かいて稜線に飛び出すと❸稜線上の分岐。右に続く道を行けば名栗げんきプラザに下ることもできるが、山慣れた人向き。

分岐からは左に行く。雑木林と植林帯にはさまれた登山道をゆるやかに登る。右側の雑木林は4月上旬頃、カタクリの花が美しいところだ。ちょ

多くのハイカーで賑わう武川岳の山頂

っと立ち止まって林床を眺めると、そこかしこにかわいいピンク色の花が顔をのぞかせている。

左側の植林帯はやがて終わり、雑木林のなかになだらかな登りが続く。途中、ちょっとした露岩帯を越え、右手にカラマツ林が現れれば、頂上はもう目と鼻の先だ。

木々に囲まれた❹武川岳の頂上は、登山道の交差点になっている。南は前武川岳を経て飯能市の名郷に下る道、西は妻坂峠への道。妻坂峠からは大持山に向かう道と横瀬へ下山する道（車道歩きが長い）が分岐する。そして北がこれから歩く二子山方面への道だ。

さあ、ちょっとひと休み。展望こそ南側しか開けないが、広々として気持ちのよい頂だ。たくさ

オーグリ入入口から登山口へと続く林道

立ち寄りスポット

道の駅果樹公園あしがくぼ

コース終点、芦ヶ久保駅前にある道の駅。朝採り野菜が並ぶ農産物直販所をはじめ、2つのレストラン、うどん・そば体験道場、陶芸教室、ギャラリーなど、さまざまな施設が軒を連ねる。登山者用の駐車場が用意されているのもうれしい。直販所は9時から、レストランは11時からの営業だが、トイレや自販機はもちろん24時間。
☎0494-21-0299

蔦岩山の手前から振り返った武川岳

蔦岩山から焼山へと続く尾根道

激しく削られた武甲山を焼山より望む

んの登山者があちこちでお弁当を広げ、暖かな日差しを楽しんでいる。とはいうものの、この後の下山コースが長い。早めに出発しよう。

頂上から道標に従い、北に向かう。雑木林の下りが続き、ひと山越えれば❺蔦岩山の頂上。小さな岩がある頂は落葉期以外、展望は開けないが、雑木林に囲まれて好ましい雰囲気。振り返れば、おだやかな山容の武川岳からまだそれほど離れていない。

蔦岩山からは露岩の現れた急坂を下り、焼山に続く変化に富んだ尾根を歩く。途中、林道と並行して歩くが、登山道は急な登りを経て❻焼山の頂上へと至る。こちらは武川岳や蔦岩山とは違って大きな展望が広がる。空気の澄んだ日なら、奥武蔵や秩父の山々の向こうに、上越国境、浅間山、日光などの山々が見渡せることだろう。そして左手間近には、痛々しい姿の武甲山…。

焼山からは、正面に見える二子山を目指す。短いながら急な下りを終えた後は、何度も登り下りを繰り返しながら、雑木林の明るい尾根を二子山

に向かう。急坂を登りきれば最後のピーク、❼二子山の雄岳だ。雑木林に囲まれ展望の開けない頂上には三角点が立つ。

雄岳からいったん下って登り返せば雌岳。こちらは針葉樹に囲まれた頂だ。

雌岳からはコースが2つに分かれる。西側は浅間神社を経由する尾根コース、東側は兵野沢を下る沢コースで、ここでは、コースタイムがいくぶん短い沢コースを選択する。

雌岳からの下りはすぐに急傾斜となり、ロープの張られた道を慎重に下る。雨などで路面が濡れ

サブコースチェック

名郷ルートと妻坂峠～武甲山ルート

武川岳から飯能方面に帰りたいときは、前武川岳、天狗岩を経て名郷バス停に下りるコースがある。名郷まで2時間弱。このとき、前武川岳から山伏峠方面に下らないよう気をつけたい。武川岳から西に妻坂峠、大持山・小持山を経て武甲山に登り、秩父鉄道浦山口駅に下るコース（2023年11月現在、土砂崩れで通行止め）は、健脚向きの超ロングコース。

ているときは、スリップに十分注意したい。道は
やがて傾斜がゆるくなった鞍部に至り、ここで尾
根から離れて左に折れると、カラマツ林の中を兵
野沢の源頭に向かって下るようになる。

　源頭からは兵野沢沿いを歩く。杉の植林の道を
しばらく行くと、小さな尾根を乗り越すような形
で道が続き、兵野沢を何度か渡り返せば、やがて
西武鉄道の線路が見えてくる。そのまま道なりに
進むと線路をくぐるトンネル。トンネルを抜けて
道の駅の施設の裏を通り、舗装路を右に行けば**❽**
芦ヶ久保駅だ。

焼山から見た二子山

掘削された姿とは裏腹に、歩けば緑豊かな秩父の名峰

標高 **1304** m

武甲山
ぶ こう さん

一の鳥居→武甲山→長者屋敷の頭→浦山口駅

石灰岩採掘で荒々しい山腹を見せる武甲山を横瀬の寺坂棚田から望む

中級	総歩行時間**5**時間**10**分
初級	総歩行距離**9.2**km
入門	標高差 登り:**760**m／下り:**1035**m

登山レベル　体力:★★／技術:★★

公共交通機関

行き:西武秩父線西武秩父駅→タクシー（約20分）→一の鳥居
帰り:秩父鉄道浦山口駅

マイカー

関越自動車道花園ICから国道140・299号を経由して約38km。生川沿いの道は一部未舗装で狭い部分もあるが、普通車でも通行できる。一の鳥居に約30台分の駐車場がある（無料）。

ヒント

西武秩父線の横瀬駅から歩くこともできるが、一の鳥居までは2時間かかるので、タクシー利用が安全で早い。横瀬駅からのタクシーは約2500円。要予約。

問合せ先

横瀬町振興課☎0494-25-0114
秩父観光協会秩父支部☎0494-21-2277
秩父ハイヤー☎0120-118-184
秩父丸通タクシー☎0120-02-3633

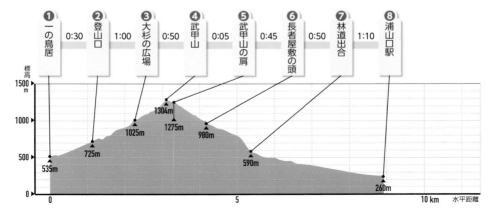

❶ 一の鳥居 — 0:30 — ❷ 登山口 — 1:00 — ❸ 大杉の広場 — 0:50 — ❹ 武甲山 — 0:05 — ❺ 武甲山の肩 — 0:45 — ❻ 長者屋敷の頭 — 0:50 — ❼ 林道出合 — 1:10 — ❽ 浦山口駅

標高
1500m
1000
500

535m / 725m / 1025m / 1304m / 1275m / 980m / 590m / 260m

水平距離 0 / 5 / 10 km

欄外情報 一の鳥居から山頂を経て浦山口駅に下る道は武甲山クラシックルートとして人気だが、浦山口駅に通じる林道は2023年11月現在、崩壊で通行止めになっている。問合せは秩父市道路管理課（☎0494-26-6861）まで。

滝あり、巨杉ありの表参道を登り
山上展望を楽しみ浦山口へ下る

概要 周辺の山々から見たとき、ひと目でわかる秩父の山が武甲山だ。特に、秩父盆地側から見る姿は石灰岩採掘のため、かつての緑豊かな面影はない。しかし、山道を歩いてみると、想像以上に緑があふれている。山上では時折、発破の音が響き渡るが、北側の大展望が広がる。

コース 西武秩父駅からタクシーに乗り、登山口となる❶一の鳥居（いち とりい）で降りる。車の場合は鳥居を抜けた先に駐車場が整備されている。準備をませたら出発しよう。なお、一の鳥居から五十二丁目の武甲山御嶽神社まで丁目石があるので、これを目安に登っていこう。

まずは、カフェや生川渓流釣り場跡（うぶかわ）の横を通り、沢沿いの簡易舗装の道を登っていく。30分ほどで❷登山口（とざんぐち）となり、いよいよ本格的な山道へと入っていく。まずは薄暗い杉林の中をジグザグに登る。しばらくすると水音が聞こえてき不動ノ滝に着く。ここは十八丁目で傍らには小祠があり不動像がまつられている。

道脇の丁目石に導かれながら参道を登っていく

一度、桟橋を通りさらに進むと、「武甲山御嶽神社参道」と書かれた大きな石柱がある。このあたりを過ぎると、次第に太い杉が見られるようになってくる。初夏のころは林床にフタリシズカやガクウツギなどが花を咲かせている。なおも杉林を登っていくと、途中、小さな石祠がある。その先を折り返すように登ると、三十二丁目を過ぎ❸大杉の広場（おおすぎ ひろば）に到着する。ここから登りがきつくなるのでひと息入れていこう。

再び杉木立のなかをジグザグに急登していく。この先にも何本かの巨杉があり、目を楽しませてくれる。途中、階段コースと一般コースの分岐がある。階段コースは現在、通行禁止なので、右へと丁目石がある一般コースを進もう。ゆっくりと折り返しながら登っていくと、トイレの脇に出る。すぐ先には丸太のあずまやがあり、右へと上がったところに武甲山御嶽神社がある。山頂は神社の裏手になる。まずは右側から登ろう。半鐘の傍らの先に第2展望所がある。こちらは現在、柵がされている。左へと柵づたいに登っていくと第1展

涼やかな音を立てて落ちる不動ノ滝

大杉の広場にそびえ立つ見事な巨杉

狼の狛犬が迎えてくれる武甲山御嶽神社

長者屋敷の頭あたりの尾根道を行く

望所の❹武甲山に到着だ。展望台のすぐ下は石灰岩の採掘現場だが、眼前には秩父市街や秩父の山々、西上州、日光連山の大展望が広がる。

　下山は御嶽神社の少し下にある階段コースが合わさる十字路の❺武甲山の肩へと下る。小持山への道を分け、右へと下っていく。このあたりはカラマツに囲まれており新緑や黄葉のころは気持ちがいい。一度傾斜がゆるんだところが❻長者屋敷の頭だ。ここから小持山方面が展望できる。少し下には水場もあるので、ひと休みするのもよい。

　長者屋敷の頭からは尾根道を下っていく。途中

立ち寄りスポット

石龍山橋立堂と橋立鍾乳洞

秩父三十四観音霊場の札所28番。秩父札所では唯一、馬頭観音がご本尊だ。観音堂の背後に立つ約80mの岩壁に圧倒される。隣には橋立鍾乳洞もあり、洞内は年間を通じひんやり涼しく、小さいながらも石筍や石柱も見られる。☎0494-24-5399。入洞料200円。参拝自由。

山頂付近で見かけたクサボタンの綿毛

サブコースチェック

マイカー登山におすすめ周回コース

マイカー利用の場合、車の回収を考えると浦山口へと下るのは大変。そこでおすすめなのが小持山・大持山をたどり、妻坂峠から一の鳥居へと戻るコースだ。大きな登り返しがあるため、体力的にはワンランクきつくなるが、採掘されていない緑に覆われた武甲山南面（写真）が見られ、新たな武甲山の一面に触れられる。武甲山の肩→1時間20分→小持山→40分→大持山→1時間10分→妻坂峠→30分→一の鳥居。

から、左へ折れ山腹をジグザグに下っていく。しばらくすると、沢音が近づいてきて橋立川沿いに出る。最後に橋を渡ると**⑦林道出合**（りんどうであい）だ。後は道なりにたんたんと下っていく。途中、大きく折り返しさらに下っていくと、札所28番橋立堂（橋立鍾乳洞）に出る。ここから**⑧浦山口駅**（うらやまぐちえき）へは舗装された道を通り、県道を横切り10分ほど。電車の時間まで余裕があるなら、橋立堂を参拝したり茶店などで休んでからいくとよい。

名は丘陵でもしっかりした山歩きが楽しめる

標高 **408** m

（長者屋敷跡）

琴平丘陵

影森駅→大渕寺→岩井堂→武甲山入口の碑→羊山公園→西武秩父駅

護国大観音像の足元から眺めた両神山

中級	総歩行時間 **2**時間**55**分
初級	総歩行距離 **6.2**km
入門	標高差 登り：150m 下り：171m

登山レベル 体力：★ 技術：★

公共交通機関

行き：秩父鉄道影森駅　帰り：西武秩父線西武秩父駅

マイカー

関越自動車道花園ICから国道140号、皆野寄居有料道路を経由して西武秩父駅まで約26km。圏央道入間ICからは西武秩父駅まで約43km。西武秩父駅周辺に民間有料駐車場が多くある。また、羊山公園にも駐車場がある（シバザクラの花

期のみ有料）。

ヒント

4月中旬～5月上旬のシバザクラ開花期は、羊山公園周辺の道路や駐車場が大混雑する。この時期は電車を利用したほうがいい。

問合せ先

秩父市観光課☎0494-25-5209
秩父観光協会☎0494-21-2277

❶影森駅 0:15 ❷大渕寺 0:45 ❸岩井堂 0:20 ❹長者屋敷跡 0:25 ❺399m峰 0:15 ❻武甲山入口の碑 0:25 ❼羊山公園 0:30 ❽西武秩父駅

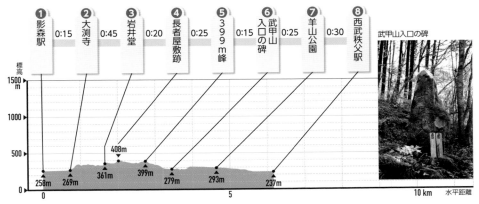

武甲山入口の碑

標高

1500m

1000m

500m

258m　269m　361m　408m　399m　279m　293m　237m

0　　　　　　5　　　　　　10 km　水平距離

欄外情報 秩父はホルモン焼きやそばなどグルメの街でもある。早めに下山して秩父神社や札所を訪ねたのち、おいしい食に舌鼓というのも琴平丘陵の楽しみ方の一つ。

数多くのアップダウンをこなし
最後は花いっぱいの高台の公園へ

概要 名称からして丘歩きのようなイメージがあるが、安全確実に歩くには最低でも軽登山靴が必要なコース。羊山公園を除けば急傾斜のアップダウンもあり、手は抜けない。大きく展望が開ける場所は登り始めてすぐの護国大観音像と羊山公園ぐらいしかないものの、樹林に包まれ自然たっぷり、楽しいハイキングを約束してくれる。歩くのなら、山は新緑に萌え、羊山公園のシバザクラやサクラ、チューリップなどが見頃を迎える4月中旬〜下旬がおすすめ。

コース ❶影森駅を背にスタートし、正面すぐの丁字路を左折する。住宅地のなかの車道をしばらく歩くと、秩父札所27番の小さな案内板があるのでここを左折。秩父鉄道の線路を渡った正面が、秩父三十四観音霊場札所27番の❷大渕寺だ。美しい観音堂「月影堂」で知られ、山門を抜けると観音延命水とよばれる湧き水がある。トイレはこの先、羊山公園までないので、ここですませておこう。

大岩を背に迫力満点、ミニ清水寺のような岩井堂

月影堂の横の階段を登って登山道に入る。季節ならオレンジ色のヤマツツジ咲く山腹を折り返しながら登っていく。15分ほど登り、小さな分岐を左に入ってヤマツツジのトンネルを抜ければ護国大観音像に到着する。大渕寺の奥の院でもある観音像は高さ約16m、群馬の高崎観音、神奈川の大船観音とともに関東三観音の一つといわれている。

ここは本コース一番の展望台でもあり、眼下には秩父市街が、遠方には両神山や二子山、西上州の山々が目に飛び込んでくる。

耳よりコラム

羊山公園

横瀬町と接する秩父市東部にあり、シバザクラで知られる。県立武甲自然公園に含まれ、シバザクラの植栽面積は関東有数の規模。約1万8000㎡の丘に10品種、40万株以上が植えられ、花期の週末は人の波が押し寄せる。サクラの名所でもあり、ソメイヨシノや枝垂れ桜など約1000本が咲き誇る。公園内には、武甲山資料館や棟方志功の作品を集めた「やまと—あーとみゅーじあむ」などの施設もある。

長者屋敷跡の手前には急な鉄階段がある

新緑のころは心躍るような尾根歩きが楽しめる

あずまやの立つ長者屋敷跡は本コースの最高点

分岐まで戻り、岩井堂に向けて林間を進む。ここから岩井堂までの間にはちょっとした岩場や小さなアップダウンがあるのでけっして気を抜かないように。足元に目を向ければ、フデリンドウやジュウニヒトエ、オトコヨウゾメ、ヒメウツギなどが目を楽しませてくれる。鉄橋を渡ればひと登りで**❸岩井堂**に到着する。

岩壁を背負って立つ観音堂はまるでミニ清水寺。「懸造り」スタイルのお堂は迫力満点だ。お堂の裏手から山道を進む。しばらく行くと聖観音の大仏坐像が現れ、その先に修験堂が見えてくる。ここから急な鉄階段を下って登り返せばあずまやの立つ最高点、**❹長者屋敷跡**だ。ここにはかつて山城があったそうで、新編武蔵風土記によれば北条家の家臣が屋敷としていたといわれる。

尾根道をゆるやかに下り、見事なヤマツツジを目にしながらなおも歩く。やがて鳥居が見えてくれば**大山祇神**だ。ここは武甲山の登山者、そして山仕事をする村人の守護神としてまつられている

といわれ、この先で登り返せば、三等三角点がある**❺399m峰**に到着する。

樹林に囲まれて展望はないが、本コース最後のピークでもある。ここからはキイチゴの多いゆるやかな道を経て植林帯の九十九折を下る。下り立った場所で鋭角に右へと方向転換すれば、道沿いに山ノ神の鳥居と社が立ち、このすぐ先が**❻武甲山入口の碑**だ。現在はここから武甲山に登ることはできないが、石灰岩の採掘が始まる前は、多く

立ち寄り湯

西武秩父駅前温泉 祭の湯

国指定重要無形民俗文化財の秩父夜祭りや龍勢祭などで知られる祭りの町・秩父をテーマとした、西武秩父駅に隣接した温泉施設。4種の露天風呂をはじめ、6種の内湯（男性用は5種）などが楽しめる温泉エリアのほかに、名産品の販売エリアである「ちちぶみやげ市」や秩父の食が味わえる「呑喰処 祭の宴」など、この施設には秩父の魅力が詰まっている。☎0494-22-7111。入浴料1100円〜。10〜22時。無休。

広く平坦な道になると羊山公園はすぐ

の登山者がここをスタートとして山頂への歩を刻み続けたことだろう。

　ここまで来ると軽い登り返しが1カ所のみで、緑あふれる森を抜けて道が広く平らになってくれば、そこはもう**❼羊山公園**（ひつじやまこうえん）の一角だ。羊放牧場の横を過ぎればすぐに芝桜の丘なので、花の時期（4月中旬〜下旬）なら寄っていくといいだろう（要入場料）。公園を通過し、道標に従って舗装路を下る。牧水の滝の先で道は平坦になり、後はまっすぐ、西武秩父線の**❽西武秩父駅**（せいぶちちぶえき）に向かえばいい。駅には温泉施設がある。

羊山公園の「芝桜の丘」から見た武甲山

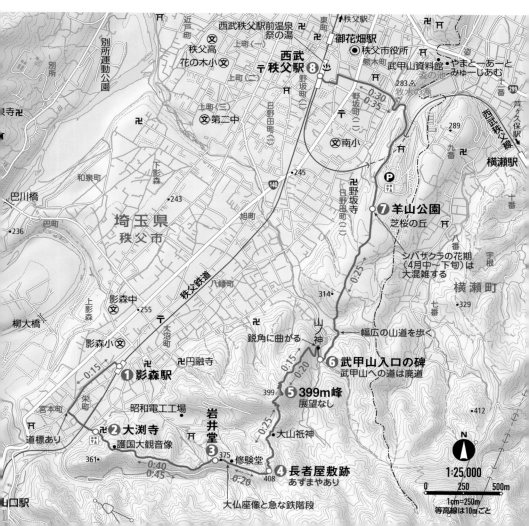

奥武蔵ナンバーワンの大パノラマを眺めに　　標高 **960** m

丸山
まる　やま

芦ヶ久保駅→果樹公園村→丸山→大野峠→赤谷→芦ヶ久保駅

丸山頂上展望台から遠く赤城山と日光連山を望む

中級	総歩行時間 **4時間55分**
初級	総歩行距離 **11.0** km
入門	標高差 登り：654m 下り：654m

登山レベル　体力：★★　技術：★

公共交通機関
往復：西武秩父線芦ヶ久保駅

マイカー
圏央道圏央鶴ヶ島ICから国道407号、県道15号、国道299号を経由して芦ヶ久保駅まで約45km。芦ヶ久保駅前の道の駅果樹公園あしがくぼに駐車。登山者は第2駐車場が指定されている。

ヒント
桜の時期や秋の果物シーズンの土日祝は大変混雑するので、車を利用する場合、道の駅にはできるだけ早めに到着するようにしたい。

問合せ先
横瀬町振興課☎0494-25-0114
道の駅果樹公園あしがくぼ
☎0494-21-0299

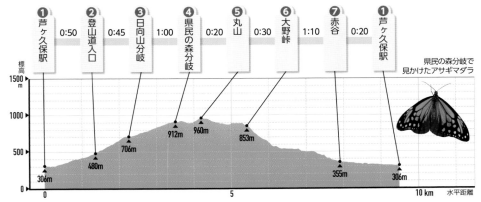

① 芦ヶ久保駅 0:50 ② 登山道入口 0:45 ③ 日向山分岐 1:00 ④ 県民の森分岐 0:20 ⑤ 丸山 0:30 ⑥ 大野峠 1:10 ⑦ 赤谷 0:20 ① 芦ヶ久保駅

県民の森分岐で見かけたアサギマダラ

標高
1500m
1000
500
0

306m　480m　706m　912m　960m　853m　355m　306m

0　　　　　5　　　　　10 km　水平距離

166　　**欄外情報**　県民の森分岐から県民の森経由で金昌寺に下るコースも楽しい。所要2時間ほど。金昌寺からは、金昌寺はじめ語歌堂、大慈寺、常楽寺などの秩父札所を巡り、西武秩父駅まで約1時間。

車道が錯綜するフルーツの里を抜け、緑濃い森から大展望の頂へ

概要 奥武蔵ではトップクラスに標高が高い山の一つ。中腹の果樹公園村はシーズン中、観光客でいつも賑わっているが、一歩登山道に踏み入れば、そこには静かな時間が流れている。雑木林が多いので、新緑や紅葉の時期に歩くのがいい。

コース ❶**芦ヶ久保駅**前から坂道を下り、途中右手の階段を下りて道の駅果樹公園あしがくぼへ。飲み物の補充やトイレはここですませておこう。横瀬川にかかる橋から国道140号に出たら、信号を渡って右に歩き、白鬚神社の角を左へ。

車道はすぐに分岐するので、ここは左に折れ、茂林寺の前を通過する。すぐにぶつかる丁字路は右折。その先の分岐も右折するが、このあたりは車道とはいえ急で、息が切れる。道なりに歩き、右から車道が合流すると、かつて飲食施設だった広場が現れる。ここには公衆トイレがあるので、ひと休みしていくといいだろう。

なおも車道を行くと、農村公園への分岐を左に分けた後で、左から1本、右から2本の車道を合わせた変則交差点に出る。ここは「登山道」と書かれた道標に従い、右上の車道を行く。ほどなく物置小屋が立ち、そのすぐ先、細い山道が車道と分かれるところが❷**登山道入口**だ。

雨上がりの杉林を見上げる

丸山頂上の展望台

登山道を入ると道はいったん平坦になり、その少し先で鳥獣防止の金網ネットで遮断されている。通過した後は閉め忘れなきよう。続いて現れる分岐は右にとり、きれいな雑木林の道を歩く。草が茂る斜面を横断すれば、ほどなく❸**日向山分岐**で、このあたりからは広い道が杉林の中に続いている。

途中、何カ所かの急坂をスリップしないよう登りきったところで車道を横断し、さらに森林学習展示館（トイレ・水あり）への遊歩道を横切ったその先のピークが❹**県民の森分岐**。

ここから丸山へはもうわずかで、最後の急坂を登り切れば、奥武蔵随一の眺めを誇る❺**丸山**だ。頂上に立つ展望台からは、目の前の武甲山や武川岳をはじめとした奥武蔵・秩父の峰々、遠くには奥秩父、日光、上信越、八ヶ岳まで見渡せる。展望台は武骨だが、飽きることのない頂だ。

頂上からは、来た道と反対側（南東方向）を下る。すぐの分岐を左に見送り、次の電波塔下分岐は右に行く。雑木の気持ちよい道を歩くとまもな

く白石峠分岐で、ここを右に急角度で曲がれば、展望の開けたパラグライダー離陸場を経て、車道が通る❻大野峠(おおのとうげ)に到着する。

車道を横断してからの登山道は、これまでとうってかわって深い杉の森。大木が天を衝くさまは、いかにも日本の山といった風情だが、ここの森は美しい。急な下りも沢を渡ったあたりからゆるやかになり、やがて❼赤谷(あかや)に降り立つ。ここから国道299号の歩道を20分ほど歩けば、道の駅を経て❶芦ヶ久保駅(あしがくぼえき)だ。

丸山の山腹から見上げた武甲山

立ち寄りスポット

あしがくぼ果樹公園村・横瀬町農村公園

芦ヶ久保駅から北に30分ほど登ったところにあるのが果樹公園村。30軒ほどの農園があり、1月から5月中旬はイチゴ、7月から8月中旬はプラム、8月中旬から10月中旬はブドウ、9月下旬から11月はリンゴなどの収穫が楽しめる。

果樹公園村があるエリアには、全長約100mのローラー滑り台やあじさい園などが人気の横瀬町農村公園もある。

秩父市

金昌寺

森林学習展示館

県民の森分岐 ❹

「山の花道」
カタクリ、イカリソウ、
アズマイチゲ、サクラ他

芦ヶ久保駅分岐

日向山
633

琴平神社

あずまや
木の子
茶屋
30台

芦ヶ久保駅分岐

「大日如来」の
石碑と石仏

山の神

0:45 0:30

ヤブあり

0:45

0:30

八坂神社

❸ 日向山分岐

滑りやすい急坂
スリップ注意

0:45

1:00

奥武蔵グリーンライン

車道横断
杉林の広い尾根
駐車場下降点

丸山

960

丸山 ❺

電波塔

0:40

0:30

0:15 0:20

白石峠分岐

横瀬町農村公園
芦ヶ久保大観音

❷ 登山道入口

いろりの宿 ふる里

0:50 0:30

あしがくぼ
果樹公園村

あずまや・コーラス広場

分岐標識を右手の
「登山道」方向に

コンクリートの
展望台上から
360°の展望あり

電波塔に
向かって右に下る

パラグライダー離陸場
展望が大きく広がる

美しい
杉林の下降

1:50

1:10

埼玉県
横瀬町

浄土宗日向山源寿院

茂林寺

白鬚神社

0:25

赤谷
❼

赤谷集落に入る

❶ 芦ヶ久保駅

0:20

西武秩父線

登山者用
無料

道の駅
果樹公園あしがくぼ

琴平神社

赤谷

芦ヶ久保 池袋・飯能

299 飯能

1:25,000

0 250 5

1cm=250m
等高線は10mごと

のびやかな眺めを楽しみながら比企の名山を登る

標高 **767** m

大霧山
おお ぎり やま

橋場バス停→栗和田→粥新田峠→大霧山→檜平→旧定峰峠→経塚バス停

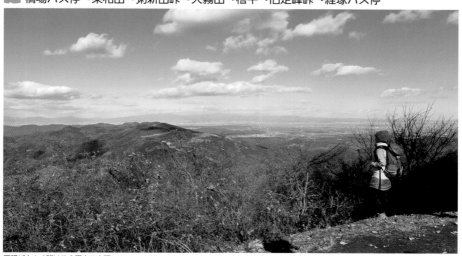

展望が大きく開ける大霧山の山頂

公共交通機関

行き：東武東上線・JR八高線小川町駅→イーグルバス（約25分）→橋場バス停／帰り：経塚バス停→イーグルバス（約35分）→小川町駅

マイカー

関越自動車道嵐山小川ICから県道11号、国道254号、県道11号を経由して約17kmの橋場駐車場を利用。経塚に下山した場合は橋場までイーグルバスで約7分。

粥新田峠に駐車場はない。

ヒント

皆谷・白石車庫行きのイーグルバスは平日と土日祝のダイヤが異なり、それぞれ運行本数も少ないので時刻は事前に要確認。

問合せ先

東秩父村産業観光課☎0493-82-1223
イーグルバス都幾川営業所☎0493-65-3900

総歩行時間 **3時間5分** 中級

総歩行距離 **6.9** km 初級

標高差 登り：573m 下り：452m 入門

登山レベル 体力：★ 技術：★★

❶橋場バス停 1:00 ❷粥新田峠 0:40 ❸大霧山 0:25 ❹檜平 0:15 ❺旧定峰峠 0:45 ❻経塚バス停

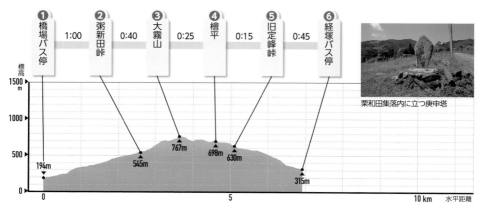

栗和田集落内に立つ庚申塔

標高
1500m
1000
500
0

194m 545m 767m 698m 630m 315m

0 5 10 km 水平距離

欄外情報 5月中旬～6月初旬、秩父高原牧場の広大な斜面に「天空のポピー」とよばれるポピー畑が広がる。立ち寄ってから粥新田峠へと進むのもよい。期間中は皆野駅前などからシャトルバスも運行する。

巨人伝説を残す粥新田峠から
好展望の待つ大霧山を目指す

概要 笠山、堂平山とともに比企三山に挙げられる大霧山は、皇鈴山や登谷山などが連なる山稜のなかの一峰。一帯は、秩父高原牧場として開発。大霧山の東山腹には、その名残の牧草地が広がり、南北には東秩父と秩父を結ぶ峠道が越えている。交易や巡礼に古人がたどった歴史の道を歩き、好展望の山頂を越えよう。

コース 小川町駅前からのバスを❶橋場バス停で下車。西側に架かる粥新田橋で槻川を渡り、広い車道（県道361号）を進む。工場の前で車道は左にカーブし、ゆるやかに登って右にカーブしたところで右手に栗和田への近道が現れる。山道を急登した後、畑の中を行くと、迂回してきた車道に出る。前方に大霧山を見ながら、のどかな栗和田の集落を進む。集落内の南斜面にはミカンが多く栽培されている。車道が右に大きくカーブする分岐点に着いたら道標に従い左の小道へ。最奥の民家を過ぎ、杉や檜の植林帯に続く山腹道をゆるやかに登っていく。再び車道に出て直進すれば、あずまやの立つ❷粥新田峠（粥仁田峠）に着く。かつては秩父霊場参りの巡礼者などで賑わったという峠だ。

あずまやの脇を通り、尾根筋に延びる山道を登

落ち葉を踏みながら雑木林の尾根を歩く

り始める。すぐに右に入山方面への道を見送り、左の尾根沿いの道を行く。ほぼ尾根通しに続く道は落葉広葉樹に覆われ、新緑や紅葉のシーズンは楽しみも増す。たんたんとした道から急斜面をひと登りすると、明るく開けた❸大霧山の山頂に飛び出す。三等三角点や展望案内板などが置かれた山頂は、北から西にかけての展望が見事。日光連山、上越国境、赤城山、榛名山、両神山、浅間山などを一望できる。

大霧山の山頂を後に南の尾根道を進む。左手はかつての牧場との境になっており、有刺鉄線が張られている。急斜面を下った鞍部では東側の展望が開け、笠山や堂平山を望める。鞍部から小ピークを越えると、ベンチの置かれた❹檜平に着く。ここで進路は左に急角度に折れる。幅広の尾根道を進み、石祠が現れると、狭い鞍部の❺旧定峰峠

光を受けて輝くコース沿いの秋のススキ

耳よりコラム

ダイダラボッチの伝説

ダイダラボッチとは伝説のなかに登場する巨人。日本各地に伝承が残り、「ダイランボウ」や「ダイダラボウ」など、名称はさまざま。静岡には「ダイラボウ」の名を冠した山もある。大霧山周辺の伝説は、大太坊（ダイダラボッチ）が粥を煮たのが粥新田峠、粥を煮た釜を伏せたのが釜伏山、箸を刺したのが二本木峠という、スケールの大きなもの。

に下り立つ。直進する道は定峰峠に通じ、秩父の定峰と東秩父の白石とを結ぶ道が越えている。

旧定峰峠から左の白石側、経塚への道を下る。すぐに舗装された林道に出るが、左に500mほど行けば、右に経塚への山道が分岐し、道標も設けられている。山道に入ると、すぐに小ピークの左山腹を巻き、尾根筋をジグザグに切りながら下っていく。やがて沢を渡り、流れに沿って下流に向かえば、県道11号に突き当たり、**❻経塚バス停**に着く。

大霧山の南側の鞍部に出ると笠山と堂平山の眺めがよい

大霧山の山頂直下に咲くヤマボウシ

サブコースチェック

旧定峰峠から下山せず、そのまま尾根を進んで定峰峠に行き、白石車庫に下るコースにしてもよい。定峰峠までの道はほぼ尾根通しに続き、落葉広葉樹も多く、気持よく歩ける。定峰峠は県道11号沿いに茶店もあって、ドライブやツーリングの人たちで賑わう。白石車庫へは車道をショートカットしながらの急下降になり、途中からは車道を歩く。旧定峰峠→1時間→定峰峠→50分→白石車庫バス停。

天体観測とパラグライダー基地のユニークな頂

標高 **876**m

（堂平山）

笠山・堂平山

皆谷バス停→笠山→七重峠→堂平山→剣ヶ峰→白石峠→白石車庫バス停

丸山山頂から見た堂平山（右）と笠山（左）

中級	総歩行時間 **5時間**
初級	総歩行距離 **9.6**km
入門	標高差 登り：**665**m 下り：**523**m

登山レベル 体力：★★ 技術：★

公共交通機関
行き：東武東上線・JR八高線小川町駅→イーグルバス（約30分）→皆谷バス停
帰り：白石車庫バス停→イーグルバス（約35分）→小川町駅

マイカー
関越自動車道嵐山小川ICから国道254号、県道11号を経由して約22km。白石キャンプ村に有料駐車場、皆谷バス停先に無料駐車場がある。

ヒント
皆谷・白石車庫行きのイーグルバスは平日と土日祝でダイヤが異なり、それぞれ運行本数も少ないので時刻は事前に要確認。

問合せ先
東秩父村産業観光課☎0493-82-1223
ときがわ町商工観光課☎0493-65-1584
イーグルバス都幾川営業所☎0493-65-3900
小川観光タクシー☎0120-602-015

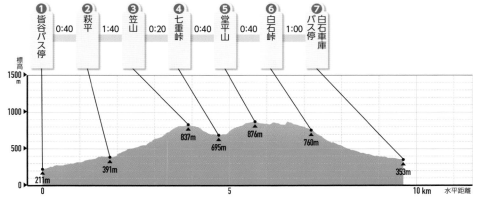

❶皆谷バス停 0:40 ❷萩平 1:40 ❸笠山 0:20 ❹七重峠 0:40 ❺堂平山 0:40 ❻白石峠 1:00 ❼白石車庫バス停

標高 1500m / 1000 / 500 / 0

211m　391m　837m　695m　876m　760m　353m

0　5　10 km　水平距離

欄外情報 白石の山里は住民によってミツバツツジやハナモモ、レンギョウなど各種の花木が植栽されている。山間だけに桜も同じ頃に咲き、4月中旬頃から5月初旬頃はまさに桃源郷のよう。

関東平野を一望する一等三角点の頂を越え
古くからの風習を今も残す麓の里へ

概要 堂平山は天体観測の立地条件に恵まれていたことから山頂に観測所が建てられ、奥武蔵唯一の一等三角点の山としても人気がある。また山頂周辺はパラグライダーのメッカでもあり、週末には飛行シーンが見られることもある。おだやかな山村とのコントラストがおもしろい。

コース ❶**皆谷バス停**で下車し、少し先の民家の間を左へ入る。農家の庭先を抜けて林道を行くと、道標に熊出没注意のプレートが貼ってある。単独行や平日の山行では気をつけよう。この先車道を何度か横切りながら山里の風景を眺めつつ進むと❷**萩平**となり、白石からの林道を横切る。さらに幾度か林道をあわせ、V字に切れ込んだ赤土の道が続く。雨の日は手こずるだろう。

杉や檜の植林にコナラも混じりはじめ、木の段を踏みながら進むと、萩平笠山線の林道に出る。狭い尾根道を抜け、明るい広葉樹の林の中をいく。やがて笠山の分岐となり、直進すると❸**笠山**の山頂に着く。北側の展望だけが開けた静かな山頂の先を少し入ったところに笠山神社が立ち、時折修験者の団体が行をすることがある。狭い境内の先は急斜面になっていて、樹間からのぞく関東平野の景観は高度感たっぷりで壮観だ。

山頂に戻り、落ち葉の道を一気に下り、凹凸のある急なガレ場を下る。滑落の心配はないが慎重に下ろう。鞍部で横切った林道を左下に見ながら

北側の展望が開ける笠山山頂

進むと後方に笠山、正面にゆったりとした山容の堂平山、さらに右遠方には山頂に鉄塔が立つ剣ヶ峰が望める。赤土の道を下り、仕事道を左に見送っていくと❹**七重峠**に出る。白石への道を右に分け、見事に根が張り出した植林帯を抜けると、開けた芝地に出る。森の脇に咲く花を見ながら進むと❺**堂平山**の頂上に立つ天文台のドームが見えてくる。一等三角点も立ち、関東平野の絶景ポイントにもなっている。またパラグライダーのメッカでもあり、山頂や剣ヶ峰下の駐車場で飛行シーンが見られることもある。山頂まで車道が通じているので少々気が抜けるが、天文台ではよく冷えた飲み物を調達できるのがうれしい。

山頂から南西へ広い山道に入り、すぐに車道に

七重峠付近から堂平山へ軟らかな土の道が続く

立ち寄りスポット

堂平天文台 星と緑の創造センター

1962年から天体観測が続けられた旧東京天文台堂平観測所跡。91cm大型反射望遠鏡は県内最大。天文台の中には宿泊施設もあり、星空と夜景を楽しむことができる。夜間専門の観察員による観望会が開催される日もある（要問合せ）。山頂直下の敷地内にはログハウスやモンゴル式テントもあり、どちらも宿泊できる。
☎080-2373-8682

笠山・堂平山

出て道なりに進む。再び広い山道に入って登り返せば剣ヶ峰に着く。山頂を下れば車道が交差する❻白石峠（しらいしとうげ）に降り立ち、大霧山からの道を合わせて関東ふれあいの道と合流する。あずまやを背にして静かな山道へ入り、沢沿いの道をゆるやかに下る。途中コンクリートで固めた苔つきの道は滑りやすいので要注意。やがて林道に出て道なりに下れば笠山入口と刻まれた石の標が置かれた白石集落だ。5月の第2日曜に行われる厄病払いの神事「白石の神送り」の祠も立ち、のどかな里の風景を見ながら進めば❼白石車庫バス停（しらいししゃこバスてい）に着く。

まるで桃源郷のような春の白石の山里

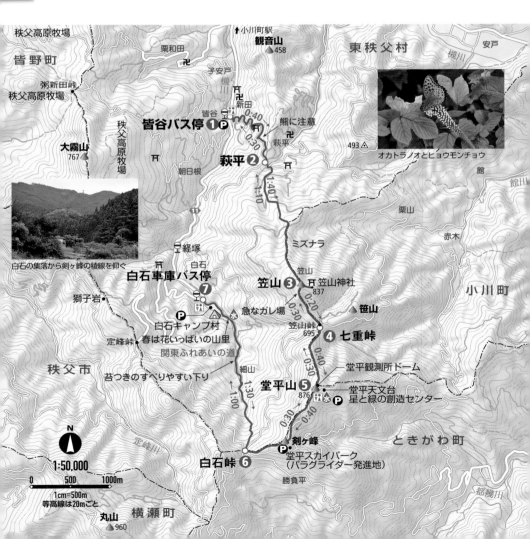

オカトラノオとヒョウモンチョウ

白石の集落から剣ヶ峰の稜線を仰ぐ

秩父高原牧場
皆野町
栗和田
小川町駅
観音山
▲458
東秩父村
安戸
槻川
粥新田峠
秩父高原牧場
子安戸
槻川
新田
熊に注意
493△
皆谷バス停❶P
皆谷
0:40
萩平
秩父高原牧場
0:30
大霧山
767
萩平❷
1:40
1:10
オカトラノオとヒョウモンチョウ
栗山
朝日根
赤木
ミズナラ
経塚
笠山
小川町
白石
白石車庫バス停❼
笠山❸
笠山神社
837
獅子岩
急なガレ場
0:20
笹山
P
0:30
笠山峠
695
七重峠❹
白石キャンプ村
0:40
定峰峠
春は花いっぱいの山里
関東ふれあいの道
堂平観測所ドーム
0:30
秩父市
苔つきのすべりやすい下り
細山
堂平山❺
堂平天文台
876
星と緑の創造センター
1:00
1:30
0:30
0:40
剣ヶ峰
ときがわ町
N
白石峠❻
堂平スカイパーク
（パラグライダー発進地）
1:50,000
勝負平
0   500   1000m
1cm=500m
等高線は20mごと
横瀬町
都幾川
丸山
▲960

官ノ倉山
<small>かんのくらやま</small>

東武竹沢駅→三光神社→官ノ倉山→北向不動→長福寺→小川町駅

天王沼から見た官ノ倉山（中央左）

公共交通機関

行き：東武東上線東武竹沢駅・JR八高
線竹沢駅
帰り：東武東上線・JR八高線小川町駅

マイカー

関越自動車道嵐山小川ICから県道11号、
国道254号を経由して約4kmの小川町駅
前に有料駐車場がある。

ヒント

マイカーの場合、小川町駅周辺に駐車

し、電車で次駅の東武竹沢駅まで行く。
電車は1時間に3本程度。また小川町駅
周辺に駐車場は少なく、マイカー向きの
コースとはいえない。

問合せ先

小川町にぎわい創出課
　　　　　☎0493-72-1221
小川町観光案内所「むすびめ」
　　　　　☎0493-74-1515

総歩行時間 **3**時間**10**分	中級
総歩行距離 **9.5**km	初級
標高差 登り：**228**m 下り：**253**m	入門
登山レベル 体力：★ 技術：★★	

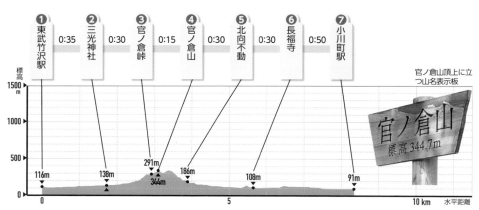

❶ 東武竹沢駅 — 0:35 — ❷ 三光神社 — 0:30 — ❸ 官ノ倉峠 — 0:15 — ❹ 官ノ倉山 — 0:30 — ❺ 北向不動 — 0:30 — ❻ 長福寺 — 0:50 — ❼ 小川町駅

官ノ倉山頂上に立つ山名表示板

官ノ倉山
標高 344.7m

標高
1500 m
1000
500

116m　138m　291m　186m　108m　91m
344m

0　　　　　5　　　　　10 km
水平距離

欄外情報 鎌倉時代に創建された、登山口近くの三光神社の三光とは日・月・星のこと。斜めに伸びた境内の大杉（いまも斜めのまま）を切ろうとした瞬間、まっすぐに起き上がったという伝説が残っている。

175

急斜面の杉林から展望のツインピークへ
クサリ場を下り、寺社や町並みを巡る

ゆったりと時間を過ごせる官ノ倉山頂上

概要 石尊山（せきそんさん）とツインピークを形成する展望の山。それぞれの頂から異なる景色を楽しむことができる。標高は低いが山の形は鋭く、頂上直下の急斜面は思わず手を使いたくなるほどだ。コース後半は車道歩きが長い割に走る車は少なく、最後までのんびりと歩くことができる。

コース ❶東武竹沢駅（とうぶたけざわえき）の西口を出て、駅前の道を南に歩く。150mほど行くと変則気味の十字路にぶつかるが、ここはまっすぐ。その先で国道254号の交差点（信号あり）に出たら、国道を横切ってなおもまっすぐ行く。のどかな住宅地をしばらく歩くと、左手に❷三光神社（さんこうじんじゃ）が見えてくる。神社の手前を左折して道なりに少し歩くと、あずまやのある天王沼。ここにきて初めて、官ノ倉山が沼の向こうに姿を見せる。

沼の端に続く道は林間に入ると徐々に傾斜を増し、やがて急斜面の杉林をジグザグと登るようになる。道も狭くつらいところだが、そこは低山のありがたさ、ひと汗かく頃には頂上手前の鞍部、❸官ノ倉峠（かんのくらとうげ）に飛び出す。

峠でコースは左に曲がる。明瞭な道が正面に続いているが、こちらを行くと安戸集落に下ってしまうので気をつけたい。

峠からは最後の急登が待っている。木の根と岩だらけの登りは疲れるものの、10分ちょっとの我慢。空の面積が大きくなればもう目の前だ。

たどり着いた❹官ノ倉山（かんのくらやま）の頂上は小広く、なかなかの展望が広がる。西方向には笠山、大霧山といった奥武蔵の人気の峰々、眼下にはこれから歩く小川の町並み、そして目と鼻の先に石尊山に立つ道標が見えている。

官ノ倉山からはいったん下って石尊山に向かうが、短いながらもここの下りはとても急。転倒にはくれぐれも注意しよう。下りきった鞍部からは右に、安戸集落への道が続いている。

下った分を登り返すと石尊山。最高点は雑木に覆われているが、少し下れば小さな社のある展望所に到着する。左には、手が届くほどの近さに官ノ倉山の頂上が見え、その奥には埼玉北西部から群馬県境に続く山々が幾重にも連なっている。

石尊山からの下りも難所。下り始めてすぐに長いクサリ場となり、特に雨の後は緊張を強いられることだろう。クサリ場を終えても急坂は続くが、傾斜がゆるむと道は未舗装の車道へと変わり、ほ

三光神社と伝説の残る斜めの杉（P175欄外情報参照）

立ち寄りスポット

長福寺

717年、行基が開山した。徳川家光から阿弥陀堂領としての御朱印を受け、代々の朱印状がいまも残る。境内には薬師瑠璃光如来も安置され、眼病に霊験あらたかとのことだ。寺では毎年、八重桜の一種で花びらが淡い黄緑色の「御衣黄（ぎょいこう）櫻」が花を咲かせる。

どなく⑤**北向不動**だ。長く急な階段の先に、白く小さな社が立っている。

　未舗装の車道はやがて丁字路にぶつかり、右に行けば新しいトイレ。このトイレの先から集落に入り、しばらく車道を歩く。道標に従って右折し、小さな橋を渡ると、道は薄暗い林に続いている。この林を抜け、車道を渡ると再度、林の中の山道。再び車道に出たら左に行き、その先の分岐を右に行けば⑥**長福寺**の入口だ。

　長福寺から先はずっと車道歩き。道標に従って歩けば大ケヤキで知られる大塚八幡神社で、長い参道を抜けると住宅が増えてくる。ゆるやかに下って小京都らしい風情の小川町立図書館まで来れば小川町駅は近い。国道254号に出たら左折し、すぐ先の交差点を右に入ればほどなく⑦**小川町駅**に到着する。

花桃咲く山麓の道を行く

石尊山直下のクサリ場

サブコースチェック

プラネタリウムのある
金勝山を加えた充実コース

東武竹沢駅の北西にある金勝山（263m）をコースに加えれば、より充実した山歩きが楽しめる。金勝山へは東武竹沢駅西口から官ノ倉山とは反対方向（北）に歩き、東登山口から登る。子どもでも歩ける雑木林のハイキングコースだ。頂上の少し先には、プラネタリウムや宿泊施設のある小川げんきプラザ（☎0493-72-2220）が立ち、トイレや水の心配もいらない。東武竹沢駅から金勝山は往復1時間40分ほど。

仙元山
せん　げん　やま

🥾 小川町駅→見晴らしの丘公園→仙元山→青山城跡→大日山→埼玉伝統工芸会館→小川町駅

馬頭尊碑から見た仙元山（中央の平らな部分）

中級	総歩行時間 **4時間10分**
初級	総歩行距離 **13.6** km
入門	標高差 登り：209m 下り：209m

登山レベル 体力：★ 技術：★

公共交通機関
往復：東武東上線・JR八高線小川町駅

マイカー
関越自動車道嵐山小川ICから県道11号、国道254号線を経由して道の駅おがわまち（埼玉伝統工芸会館）まで約4.5km。

ヒント
マイカーの場合、道の駅の駐車場を利用したほうが、車道歩きが少なく便利。小川町駅周辺に駐車場は少ない。

問合せ先
小川町にぎわい創出課
☎0493-72-1221
小川町観光案内所「むすびめ」
☎0493-74-1515
道の駅おがわまち（埼玉伝統工芸会館）
☎0493-72-1220　※2023年11月現在、リニューアルのため休業中。2024年度中にオープン予定。駐車場と仮設トイレは利用可能

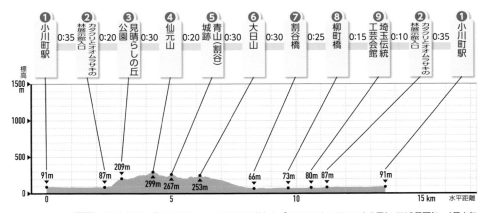

① 小川町駅 0:35 ② カタクリとオオムラサキの林農入口 0:20 ③ 見晴らしの丘公園 0:30 ④ 仙元山 0:20 ⑤ 城跡（割谷）青山 0:30 ⑥ 大日山 0:30 ⑦ 割谷橋 0:25 ⑧ 柳町橋 0:15 ⑨ 埼玉伝統工芸会館 0:10 ② カタクリとオオムラサキの林農入口 0:35 ① 小川町駅

標高
1500m
1000m
500m

91m　87m　209m　299m　267m　253m　66m　73m　80m　87m　91m

0　　　　　5　　　　　10　　　　　15 km　水平距離

欄外情報 仙元山北麓の「カタクリとオオムラサキの林」と「カタクリとニリンソウの里」では3月下旬〜4月中旬にかけ、カタクリやニリンソウが咲く。また、例年7月上旬には、オオムラサキの放蝶会を実施。

見晴らしの丘公園の展望台

静かな森から昼なお暗い城跡を巡り、清流を眺めつつ風情ある町へと周遊

概要 和紙の里として知られる小川町郊外に、ゆるやかな姿で横たわる低山。東京タワーより低いが、さまざまな樹種が山を包み、町の裏山的な存在でありながら、山深ささえ感じさせる。

コース ❶**小川町駅**正面の商店街を国道254号に向けて歩き、国道を横断したらそのまま直進。その先の丁字路を左折すると100mほどで県道に出るので、ここを右折。道なりに槻川を渡り、青山陸橋西交差点を過ぎたすぐ先で左折する。300mほど行くと八高線の踏切で、ここを渡ったすぐ先で右に曲がって小川を渡れば仙元山への直登コースの道標が立っている。道標を見送って車道を進むと左手にトイレが現れ、ここにも登山道入口があるがさらに進み、❷**カタクリとオオムラサキの林展示館入口**の道標から登山道に入る。

休憩所のある展示館はすぐ。ここから杉の森をひと登りすれば❸**見晴らしの丘公園**に出る。道標に従っていったん左へと林道を歩き、あずまやから再び登山道に入る。道はゆるやかで、展望台を過ぎれば山頂は間近だ。

たどり着いた❸**仙元山**の頂上は木々に囲まれている。北西への開きから小川町の街並みが望めるので、本コースでの数少ない眺望を楽しみたい。

頂上からは、「下里・大聖寺」方面の道標に従い南に向かう。右手に広葉樹の森を見、その後、杉林を歩くと、頂上から10分ほどで右に、麓の青山に下る道が分岐する。登山道はやがてY字路となり、左は割谷集落への下山道。ここはまっすぐ行く。この先ですぐにまた道が分岐するが、ここでは右の木段を登ろう。ここは❹**青山（割谷）城跡**の一角で、堀割跡や郭跡を通過し、ほどなく杉に囲まれた本郭跡へと到着する。

本郭跡の看板前からぐるっと回るようについた道を行く。道はすぐに薄暗い照葉樹林の間を行くようになる。途中、急傾斜の滑りやすい木段があるので、スリップに注意。こんなところでは、最初から中腰で行くのがいい。いくぶん明るくなった道は3つの小ピークを越え❺**大日山**頂上へ。展望は開けない。

大日山から下り始めるとすぐ、古い道標が立つ鞍部。左手に林道が続いているのでここを下る。

青山（割谷）城跡の本郭跡は杉木立のなかにある

要所に立つしっかりした道標

179

夏は草が生い茂り、途中からの舗装路面も雨の後は苔で滑りやすい。車止めを過ぎると割谷集落で、ほどなく槻川にかかる❼**割谷橋**。

割谷橋を渡ったら、突き当たりの丁字路を左折。その先でもうひとつ橋を渡って八宮神社を過ぎれば❽**柳町橋**だ。橋の手前から左手の細い道に入ると「カタクリとニリンソウの里」。大寺橋まで行かず、途中で木の橋を渡って❾**埼玉伝統工芸会館**に立ち寄ろう（2023年11月現在、休業中）。大寺橋からは西光寺の傍らを歩き、❷**カタクリとオオムラサキの林展示館入口**を経て❶**小川町駅**に戻る。

立ち寄り湯

おがわ温泉花和楽の湯

瓦工場の跡地に立つ老舗旅館のようなたたずまいの日帰り温泉。小川町駅から徒歩10分ほどにあり、広大な露天風呂に加え、リラクゼーション施設やレストランなども充実。☎0493-73-2683。入館料1300円〜（18時以降900円）。10〜22時。定期点検などの臨時休業あり。

カタクリとオオムラサキの林展示館は内容充実

八宮神社近くの旧下里分校にはカフェとトイレあり

鐘撞堂山

寄居駅→大正池→鐘撞堂山→円良田湖→少林寺→善導寺→正龍寺→寄居駅

春、鐘撞堂山の展望台では桜越しの展望が楽しめる

公共交通機関

往復：東武東上線寄居駅 ※寄居へは東武東上線のほか、JR八高線や秩父鉄道も運行している。

マイカー

関越自動車道花園ICから国道140号を経由して寄居駅まで約5km。寄居駅周辺の有料駐車場を利用する。駐車場は駅の南口側に多い。山頂往復だけの場合は円良田湖の駐車場などに停めて歩くこともできる。

ヒント

標高が低いため夏場の登山には向かない。秋から初夏に歩きたい。

問合せ先

寄居町観光協会☎048-581-3012
寄居町プロモーション戦略課
　　　　　　☎048-581-2121
寄居タクシー☎0120-135-512

総歩行時間 **3**時間**15**分　中級

総歩行距離 **9.8**km　初級

標高差　登り：240m　入門
　　　　下り：240m

登山レベル　体力：★
　　　　　　技術：★

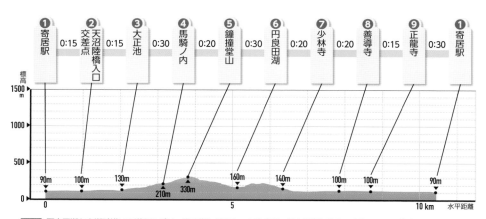

① 寄居駅　0:15　**②** 交差点 天沼陸橋入口　0:15　**③** 大正池　0:30　**④** 馬騎ノ内　0:20　**⑤** 鐘撞堂山　0:30　**⑥** 円良田湖　0:20　**⑦** 少林寺　0:20　**⑧** 善導寺　0:15　**⑨** 正龍寺　0:30　**①** 寄居駅

標高
1500m
1000
500

90m　100m　130m　210m　330m　160m　140m　100m　100m　90m

0　　　　　5　　　　　10 km　水平距離

欄外情報 円良田湖から湖畔沿いの道をたどり、突き当たりを左へと進めば、波久礼駅に出ることもできる。途中の亀の井ホテル 長静寄居（☎048-581-1165）では日帰り入浴（800円。11〜15時）も受け付けている。

かつての鉢形城の展望台へと立ち
円良田湖を経て寺巡りを楽しむ

概要 鐘撞堂山とは何かいわれがありそうな山名だが、寄居にはかつて鉢形城があり城下町として栄えた。そこで、この地に見張り場として鐘撞堂を置き、ことが起こったときに鐘を叩いて合図を送ったといわれる。標高は低いながら、展望台からは関東平野や奥武蔵の展望が見事だ。

コース ❶寄居駅の北口を出ると、すぐ左に立派な町役場がある。庁舎前の道をまっすぐたどり、「大正池」の道標に従い、右へと進む。住宅街を進むと信号のある交差点に出る。これを左へと進むと、国道140号の❷天沼陸橋入口交差点がある。これを渡り、さらに道なりに進めばだんだん山が近づいてきて❸大正池に到着する。傍らにあずまややトイレがあるのでひと休みできる。

ここから山里らしい趣ある道を進む。春先は、畑の縁などに梅が花を咲かせている。大正池から15分ほどで林道を離れ、右の山道へと入っていく。しばらくは杉林のなか、沢の左側を登っていく。一度、傾斜がゆるやかになったところが❹馬騎ノ内で、現在、竹炭工房がある。ここから竹林の間を進む。途中、高根山への道、さらに円良田湖への道を分け、右へと急坂を登れば❺鐘撞堂山に到着する。山頂には立派な展望台とあずまやが整備され、寄居市街や登谷山〜皇鈴山などが一望できる。春は山上を彩る桜が美しい。

下山は登ってきた尾根道を戻り、先ほどの大正

桜咲く鐘撞堂山から奥武蔵の山々を展望

池への道を分け進む。尾根から離れ左へと山腹を下っていくと、やがて沢沿いの道となる。広い道をたどり車道に出れば、樹間右に❻円良田湖が見えてくる。湖畔で休む場合は、先の分岐を右へ進むと湖畔に駐車場やあずまやがある。

少林寺へは分岐の角から山道へと入る。10分ほどの登りで釈迦三尊をまつった羅漢山だ。ここからのルートは千体荒神を経て下るコースと、五百羅漢が並ぶ山道を行くコースがある。ここでは右へ五百羅漢を見ながら下ろう。10分ほどで❼

楽しさアップの自然観察

鳥の聞きなしを覚えよう

山ではたくさんの野鳥の声を耳にする。ただ、木々に隠れていたりして、なかなか姿を探すのは難しい。そんなとき、見えなくても楽しめるのが、鳴き声を人の言葉に見なした「鳥の聞きなし」だ。たとえば、有名なところでは、ウグイスの「法、法華経」、コジュケイの「ちょっと来い、ちょっと来い」、ホトトギスの「特許許可局」など。大正池のほとりに聞きなしの案内板があるのでチェックしていこう。

釣りなども楽しめる円良田湖

少林寺へと下り立つ。

　参拝を済ませたら、後は道標などに導かれながら車道を行く。途中、秩父鉄道沿いに進めば、はじめに1297年創建とされる**❽善導寺**がある。本堂と無常門は1750年の建築で、本尊として室町中期の阿弥陀如来が安置されている。続いて立ち寄りたいのが**❾正龍寺**。こちらは鉢形城の城主、北条氏邦の菩提寺で、境内へと続く参道の垣根と山門が見事だ。

　参拝を済ませたら寄居町の立派な庁舎を目指して**❶寄居駅**へと戻る。

さまざまな表情を見せる五百羅漢が並ぶ道を下る

木々に囲まれた少林寺

鐘撞堂山

鐘撞堂山山頂の鐘

頂上付近急坂

展望台にあずまや整備

尾根を離れ左へと下っていく

❺ 鐘撞堂山

0:20

竹炭工房

❸ 大正池

ヘラブナ釣りが楽しめる

円良田湖

0:40

0:30

0:20

0:20

0:30

林道と分かれ右へ登る

0:15

深田谷津

0:40

349

波久礼駅

P

❻ 円良田湖

竹林

❹ 馬騎ノ内

高根山

埼玉県
寄居町

亀の井ホテル
長瀞寄居

日帰り入浴可

羅漢山

五百羅漢

少林寺 **❼**

千体荒神

P

0:30

0:20

❾ 正龍寺

天沼陸橋入口
交差点

❷

善導寺
❽

諏訪神社

0:15

常木

0:15

末野

0:20

元宿

秩父鉄道

140

0:30

寄居駅 **❶**

寄居町役場

寄居駅

P 東武
東上線

池袋

高崎

荒川

皆野寄居有料道路

N

1:25,000

250　　500m

1cm=250m
等高線は10mごと

寄居折原IC

八高線

小川町

宝登山
（ほどさん）

👣 野上駅→野上峠→宝登山→宝登山神社→長瀞駅

宝登山の山頂から見た秩父盆地と武甲山（左）、秩父山地

中級	総歩行時間 **3時間35分**
初級	総歩行距離 **8.8**km
入門	標高差 登り：**358**m 下り：**355**m

登山レベル 体力：★
技術：★

公共交通機関

行き：秩父鉄道野上駅 帰り：秩父鉄道長瀞駅

マイカー

関越自動車道花園ICから国道140号を経由して野上駅まで約16km。野上駅と長瀞駅に有料駐車場あり。また長瀞町役場は土日祝に限り駐車場を開放（有料）。

ヒント

マイカーの場合は宝登山ロープウェイの山麓駅駐車場に停めて宝登山の往復登山にしてもよい。ロウバイの時期、日陰は凍っていることもあるので軽アイゼンなどを用意したい。

問合せ先

長瀞町産業観光課☎0494-66-3111
長瀞町観光協会☎0494-66-3311
宝登山ロープウェイ☎0494-66-0258

① 野上駅 —0:20— ② 萬福寺 —1:10— ③ 野上峠 —1:00— ④ 宝登山 —0:50— ⑤ 宝登山神社 —0:15— ⑥ 長瀞駅

長瀞アルプスへと導く道標

長瀞アルプス 登山口は 直進→ ←450メートル

標高 1500m / 1000 / 500 / 0

139m ② 137m ③ 261m ④ 497m ⑤ 194m ⑥ 142m

0 … 5 … 10 km 水平距離

欄外情報 下山後、時間に余裕があれば、長瀞散策をするのもよい。長瀞を代表する景勝地、岩畳は結晶片岩が隆起したもので、荒川が削りだした景観が見事。対岸には秩父赤壁も見られる。

ゆるやかな長瀞アルプスをたどり
両神山と武甲山を望む頂に立つ

概要 ライン下りや岩畳で知られる長瀞の背後にこんもりとそびえる宝登山は、山頂直下までロープウェイが通じ、ファミリーも手軽に登れる山だ。下から登っても1時間ほど。しかし、それではあまりにも物足りない。お隣、野上駅から長瀞アルプスと名付けられた尾根道をたどり、山上に立てば、充実した山歩きとなる。特に、ロウバイや梅が咲く1〜2月は視界も効き、武甲山や両神山の眺めもすばらしい。

コース スタートは**❶野上駅**だが、駅舎を出る前に注目したいのが駅舎内に飾られている武甲山の1959年頃の写真。まだ石灰岩の採掘が今ほど進んでおらず、秩父の名峰として名を馳せたのが実感できる堂々とした山容だ。

駅を出たらまっすぐ進む。国道140号を横断したら、道なりに右へとカーブしていく。**❷萬福寺**の手前を左へと進むとじきに登山口がある。まずは、道標に従いゆるやかに登っていく。尾根上に出れば、冬でも、冬枯れの木々を抜けてくる陽光を浴びて歩けば、うっすらと汗をかいてくる。途中、御嶽山・天狗山への道を左に分けると、樹間に宝登山が見えてくる。小ピークで山道は垂直に曲がり下っていく。途中、氷池への分岐を経て**❸野上峠**となる。さらに小鳥峠を経て、じきに林道へと飛び出す。

林道は右へとゆるやかに登っていく。500m

ロウバイ咲く山上から両神山を望む

ほどで左に宝登山へと続く登山道がある。北斜面のため、積雪後は雪が残っていることもあるのでスリップには注意したい。約200段の階段を急登していくと**❹宝登山**の山頂となる。樹林のなかで展望はないので、記念撮影をしたら、ロウバイ園へと歩を進めよう。1月上旬〜2月上旬ごろは、一面が黄色く染まるほどにロウバイが咲き、甘い香りを広げている。淡い黄色の花のバックには鋸

日だまりハイクが気持ちいい長瀞アルプス

楽しさアップの自然観察

冬に咲く花、ロウバイ

1〜2月の寒い時期に咲くロウバイは、中国原産のロウバイ科ロウバイ属の落葉低木。その名のとおり、ロウ細工のような光沢と透き通った黄色い花弁がきれい。ちなみに、早春を彩る花はなぜか黄色が多い。宝登山でも、ロウバイに続き、マンサクや福寿草が黄色い花を咲かせる。

状の山容をした両神山が見える。左へと眼を移せば、今はすっかり削られてしまった武甲山が大きな姿を見せている。

展望を楽しんだら、宝登山神社の奥社をお参りして下山となる。下山は奥社の鳥居を抜け石段を下るのが早いが、ロウバイ園、梅園を抜けてロープウェイ山頂駅へと下っていこう。ロウバイが終わりを迎える頃の2月中旬になれば、梅がチラホラと花を咲かせ、福寿草も見られる。

山頂駅からは左へと広い道を進む。途中、宝登山動物園の入口を左に分け、大きく折り返しながら下っていく。ところどころ、ショートカット道があるので、これを下ると早い。

ロープウェイ山麓駅の手前で左へと進めば**⑤宝登山神社**だ。参拝を済ませたら、参道をまっすぐ進めば国道140号を横断し**⑥長瀞駅**となる。

春爛漫の山麓から見た宝登山

約1900年前に創立された宝登山神社

蓑山（美の山）

親鼻駅→萬福寺→みはらし園地→蓑山（美の山）→和銅遺跡→和銅黒谷駅

桜咲く頂上園地と奥武蔵の山並み

公共交通機関
行き：秩父鉄道親鼻駅
帰り：秩父鉄道和銅黒谷駅

マイカー
関越自動車道花園ICから国道140号、皆野寄居有料道路皆野大塚ICを経由して和銅黒谷駅まで約20km。駅前の有料駐車場を利用し、秩父鉄道で親鼻駅に向かう。なお、親鼻駅と和銅黒谷駅の中間となる皆野駅脇にも有料駐車場がある。

ヒント
桜の時期は大変混雑する。車の場合、和銅黒谷駅には早朝に到着したい。

問合せ先
皆野町産業観光課☎0494-62-1462
秩父市観光課☎0494-25-5209

総歩行時間 **2**時間**55**分　中級

総歩行距離 **5.5**km　初級

標高差 登り：428m／下り：410m　入門

登山レベル 体力：★／技術：★

① 親鼻駅　1:10　② みはらし園地　0:30　③ 蓑山（美の山）　0:55　④ 和銅遺跡　0:20　⑤ 和銅黒谷駅

下山路の途中に立つ道標

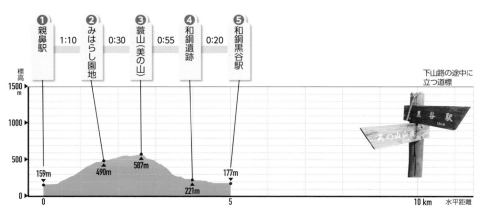

159m　490m　587m　221m　177m

0　5　10 km　水平距離

標高 1500m 1000m 500m

欄外情報　蓑山へは皆野駅からのコースもある。途中には蓑山神社という見どころもあるが、別荘地内の車道歩きが長いのが難点。このコースはみはらし園地で親鼻駅からのコースと合流する。

山頂とみはらし園地の間にある展望台

緑深い森から展望広がる散歩道へ。
雑木の林を下って遺跡に寄り道

概要 山名は蓑山だが、「関東の吉野山」とよばれるほどに“桜の美の山公園”のほうが一般には通りがいい。頂上近くまで車で行けるためにドライブコースとしての人気が高いが、この山の魅力は、今も自然のままに残る雑木林だろう。また、春から夏にかけては、カタクリ、桜、ツツジ、ユリ、アジサイなどの花々が頂上付近の園地を彩り、ハイカーの目を楽しませている。

コース **❶親鼻駅**の南側に出ればすぐに国道140号。ガイドブックや地図によっては、北側を大回りさせるものもあるが、線路に貨物列車が停まっていなければ、駅南側の最短コースを行くことができる。

国道に出たら右に、信号のある交差点まで歩道を歩く。信号を渡って交番の横を通過すれば、すぐ先に萬福寺入口の道標が立つ。左に入って寺に立ち寄ろう。脇本尊の不動明王は「秩父十三仏」の一つに数えられている。

元の道に戻って川沿いの住宅地を歩く。最後の民家の右手に道標が立ち、ここが登山口だ。雑木と杉の混じった道は一部に急登もあり、路面もやや荒れ気味だが、30分としないうちに美の山公園道路に飛び出す。

ひと休みしたら、斜め左の道標から再び山道へ。急な登りがしばしば現れるものの、歩きやすい道が続く。雑木林のなかには、春ならヒトリシズカやエビネを見つけることができるだろう。

公園道路からは30分ちょっとで**❷みはらし園地**。皆野駅発・蓑山神社経由の登山道が合流し、ここからは舗装路を歩くが、車の通行はない。

ユリ園地や桜の森、ツツジ群落、アジサイ園地など、花期には華やかなスポットを通過すれば、大きな展望台とアンテナの立つ**❸蓑山（美の山）**だ。展望台からは、秩父市街をはじめ、両神山、武甲山、奥武蔵の峰々、そして日光連山など見事

春の山頂一帯を彩るヤマツツジ

楽しさアップの自然観察

花かんざしのようなキブシの花

蓑山は四季を通じ多くの花に彩られ、とりわけ桜やツツジ、アジサイは多くの人に親しまれている。しかし、まだ芽吹きが始まる前に、いち早く咲く花がある。キブシだ。一見、花には見えないが、よく見ると舞妓さんがつける花かんざしのように小さな花がぶら下がっていて可愛い。

な眺めが広がる。頂上には関東ふれあいの道インフォメーションセンターや蓑山資料館、売店、トイレなどがあって、ゆっくりと時間を過ごせる。

　頂上からは西に、道標に従って和銅遺跡への道を下る。雑木林の中につけられた道は、ところどころに滑りやすい箇所も現れるが、総じて気持ちのよい道だ。

　下り始めて40分前後で下山集落の最上部に出る。何とものどかな山村で、梅や桃の咲く頃は別天地の装いを見せる。この集落を下ったところに和銅遺跡の入口があり、ここからはほんの数分で❹**和銅遺跡**（わどういせき）に到着することができる。遺跡には、和銅採掘露天掘跡（歩行には注意が必要）と和同開珎の碑があり、碑の前ではだれもが記念のシャッターを押している。

　遺跡から駅まではわずか。聖神社に立ち寄り、国道140号に出たら左折。駅前の信号を右折すれば❺**和銅黒谷駅**（わどうくろやえき）だ。

下山集落から両神山を望む

耳よりコラム

和銅遺跡

精錬を必要としない自然銅が"和銅"で、当時はニギアカガネ（熟銅）ともよばれていた。708年、この和銅を武蔵国秩父郡から朝廷に献上した際、喜んだ朝廷は年号を和銅と変え、日本で最初の貨幣「和同開珎」を発行した。遺跡には、100mを超える露天掘りの断層面が今も残る。近くの聖神社境内には「和銅鉱物館」が建てられている。

51 将門伝説と360度の展望が広がる一等三角点の山 　標高 **1038** m

城峯山
じょう　みね　さん

西門平バス停→鐘掛城→城峯山→城峯神社→表参道登山口→中郷登山口→万年橋バス停

城峯山の展望台より両神山（左奥）を展望

中級	総歩行時間 **4時間5分**
初級	総歩行距離 **10.4** km
入門	標高差 登り：538m／下り：538m

登山レベル　体力：★★　技術：★

公共交通機関
行き：秩父鉄道皆野駅→皆野町営バス（約35分）→西門平バス停
帰り：万年橋バス停→西武観光バス（約50分）→西武秩父線西武秩父駅

マイカー
関越自動車道花園ICから国道140号、県道37号などを経由して男衾登山口まで約36km。男衾登山口に10台ほど停められる。西門平には駐車場はない。

ヒント
万年橋からのバスは少ないうえ車道歩きが長くなるので、人数が揃えば石間交流学習館などまでタクシーに来てもらうのもよい。皆野駅まで約5000円。

問合せ先
皆野町産業観光課☎0494-62-1462
秩父観光協会吉田支部☎0494-72-6083
西武観光バス秩父営業所☎0494-22-1635
秩父観光タクシー皆野営業所☎0120-620-146

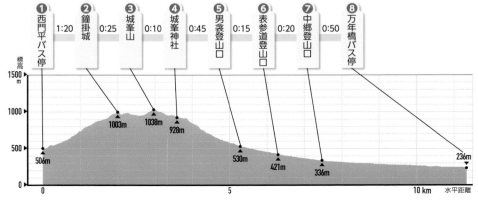

① 西門平バス停 1:20 ② 鐘掛城 0:25 ③ 城峯山 0:10 ④ 城峯神社 0:45 ⑤ 男衾登山口 0:15 ⑥ 表参道登山口 0:20 ⑦ 中郷登山口 0:50 ⑧ 万年橋バス停

506m / 1003m / 1038m / 928m / 530m / 421m / 336m / 236m

欄外情報　健脚向きのコースとして南尾根コースがある。石間交流学習館のすぐ下の民家横の車道から入り、山頂までは約3時間。利用者が少ないので静かな山歩きが楽しめる。

標高が高い西門平側から登り
城峯神社の表参道を下る

概要 群馬県境近くにそびえる城峯山は一等三角点がある360度の大パノラマが魅力の山だ。山頂直下には平将門伝説が残る城峯神社がある。山上へは東麓や西麓、群馬県側からも山道が通じている。一般には西麓の表参道から登るが、ここでは東麓の西門平から登る逆コースを紹介したい。このほうが登り出しの標高が高いため、山頂までの登りが楽になる。また、逆にすることで、下山後に学習館などに立ち寄ることもできる。

コース ❶**西門平バス停**で降りたら車道を先へと進む。民家の先の道がカーブする角からコンクリート道を登っていく。じきに道標に従い山道へと入る。沢を木橋で渡ったら、しばらくは杉の植林帯を登っていく。なかなか整備された植林地で、杉林は下枝が刈られ、山道もよく踏まれ歩きやすい道だ。途中で2回、車道を横切り登っていくと、1時間ほどで尾根の肩に出るので、このあたりでひと息入れていこう。

ここから左へと尾根づたいにゆるやかに登っていく。途中、23号鉄塔の下を通過する。さらに

西門平の民家の脇から登山道へと進む

尾根道を登っていくと巻き道がある。分岐を右へと少し登れば❷**鐘掛城**の頂上に到着する。北面側の展望が開け、御荷鉾山などが望める。

ここから城峯山へは、まず尾根上を一気に下っていく。先ほど分けた巻き道を合わせ、ゆるやかに進む。再び巻き道があるが、右の尾根づたいの道を進めば、ピークからは鐘掛城同様、北面の展望がよい。再び、巻き道を合わせ進むと、じきに石間峠に出る。車道が横切る傍らにあずまやとトイレがある。このあたりにはカラマツが植林されており、新緑や黄葉のころはなかなかきれいだ。

車道を渡り、カラマツ林のなかを登っていくと、15分ほどで❸**城峯山**だ。山頂一帯は木々が伐採され広い園地のようで、中央には大きな電波鉄塔

よく踏まれた杉林を鍵掛城へと登っていく

楽しさアップの自然観察

落葉針葉樹のカラマツ

日本に自生する在来種では唯一の落葉針葉樹。漢字で「唐松(落葉松)」と書くため、中国原産と勘違いされるが、本州中部の山間に分布する日本固有の樹木。成長が早く寒冷にも強いため盛んに植林されたが、本来は崩壊地や河原、火山砂礫地といった乾いた土地に生育。葉は2～3cmの針状の葉が20本ほどまとまって束生し、芽吹きの頃は何とも可愛い。

石間峠から山頂にかけて見られるカラマツ。秋の黄葉がきれい

鐘掛城より北側に御荷鉾山を望む

大きな電波鉄塔が建つ城峯山の山頂

が立っている。上は展望台にもなっており、まさに360度の大パノラマが広がる。秩父や奥武蔵の山々をはじめ、遠く浅間山や八ヶ岳、日光連山、筑波山などが眺められる。

下山は電波塔の裏を通り、眼下に見える赤い屋根の❹**城峯神社**へ向け一気に下っていく。途中、右へと進んだところには平将門のかくれ岩がある（長いクサリがかかり見に行くのは大変）。城峯神社の社殿前には見事なカエデがあり、秋の色づきはなんとも風情がある。

参拝を済ませたら下山。まずは神社参道として明治に300本が奉納されたという杉並木の間を下っていこう。城峯神社からは再び植林帯を下っ

一等三角点って？

三角測量をする際の緯度・経度・標高の基準になる点が三角点で、三角点には一等から四等までである。一等三角点は約45km間隔で設置されている。一等三角点の山は展望がよいところも多く、一等三角点の山の踏破を目指す愛好家などもいる。埼玉県の山では城峯山のほかに、三宝山、雲取山、堂平山、物見山、観音山に一等三角点が置かれている。

ていく。途中、男衾登山口と半納登山口へと下る分岐がある。いずれをたどっても県道に出られるが、左へと男衾登山口へ下るのが早い。しばらくで畑に出て民家の間を抜ければ❺**男衾登山口**となる。ここから車道を下っていくと、大きな鳥居が立つ❻**表参道登山口**となる。

ここからは左へと曲がり、石間川沿いの車道をひたすら下っていく。途中、水車小屋や石間交流学習館（旧石間小学校）を経て、❼**中郷登山口**がある。さらに、猿田彦神社などを経て、❽**万年橋バス停**に下り立つ。

趣ある社殿の城峯神社

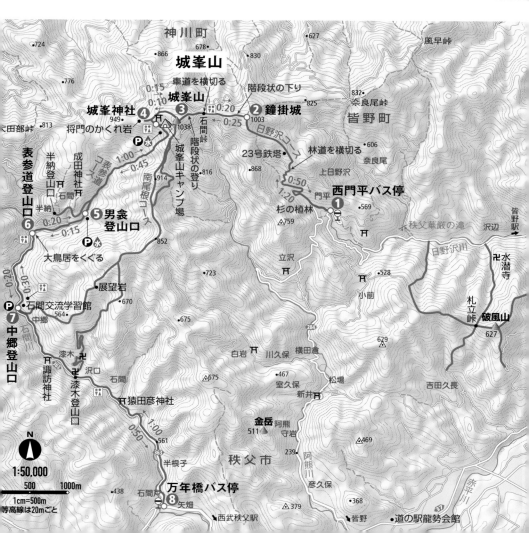

破風山

<small>はっ ぷ さん</small>

🚶 皆野駅→高橋沢登山口→破風山→札立峠→札所前バス停

山頂から秩父盆地と武甲山を展望

中級	総歩行時間 2時間35分
初級	総歩行距離 7.3km
入門	標高差 登り:459m 下り:374m

登山レベル　体力:★★　技術:★★

公共交通機関

行き：秩父鉄道皆野駅／帰り：札所前バス停→皆野町営バス（約25分）→皆野駅
※札所前～皆野駅を結ぶ町営バスは平日往復7便、土日祝5便と少ないので、事前に時刻表を確認したい。

マイカー

関越自動車道花園ICから国道140号を経由して皆野駅まで約22km。駅脇に有料駐車場がある。

ヒント

札所前でバスの待ち時間が長い場合は、日野沢沿いを散策しながら先のバス停まで歩こう。特に土日祝の午後のバス便は2本しかないので、スケジュールは慎重に組みたい。

問合せ先

皆野町産業観光課☎0494-62-1462
秩父観光タクシー皆野営業所☎0120-620-146

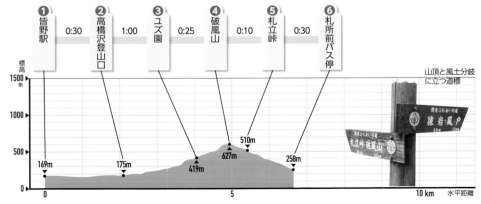

❶ 皆野駅　0:30　❷ 高橋沢登山口　1:00　❸ ユズ園　0:25　❹ 破風山　0:10　❺ 札立峠　0:30　❻ 札所前バス停

山頂と風士分岐に立つ道標

標高
1500m
1000m
500m

169m　175m　419m　627m　510m　258m

0　5　10 km　水平距離

欄外情報　破風山山頂から札所前バス停へと下らず、満願の湯に直接向かう場合は、直下のあずまやまで戻って、猿岩・風戸方面へと北に下っていくコースがある。山頂から約1時間。

高橋沢コースから山上に立ち
秩父三十四観音霊場結願の札所へ下る

概要 皆野駅の西方にそびえる破風山は標高は627mと低いながら、南面が開けており秩父盆地をはさみ、武甲山から堂平山、大霧山などが見渡せる。山上直下にはユズ園、北麓には秩父三十四観音霊場札所34番の水潜寺、さらに秩父温泉もあり、充実した山歩きが楽しめる。

コース 昔懐かしいたたずまいの**❶皆野駅**の改札を出ると、すぐ右手に大きな皆野のイラストマップがあるので位置関係を確認して出発しよう。まずは、看板の前の路地を線路に沿って右へと進む。先の踏切を渡り幹線道路を行くと、じきに皆野橋を渡る。さらに、次の郷平橋へ。この橋を渡ったら、川沿いすぐの道を左に入る。道なりに登っていくと、旧バス通りに出るので、あとは左へと進めばよい。バス通りとはいえ、道は狭く交通量は多めなので注意して歩きたい。

山里の雰囲気ある道をたどれば、しばらくで**❷高橋沢登山口**となる。民家の脇から右へとコンクリートの林道野巻線を進む。入ってすぐのところにお地蔵さんがあるので、安全登山を願って進もう。林道が終わると、いよいよ山道へと入っていく。まずは薄暗い杉林のなかをゆるやかに登って

ユズ園へと登っていくロープ場の急登

いく。沢を渡り、左へとカーブしていくとロープが張られた階段状の急登となる。濡れていると山道は滑りやすいので注意したい。ひと登りでゆるやかになるが、しばらくするともう一度急登がある。再び山道がゆるやかになり左へとカーブしていくと、まもなく左手に小さなログハウスがある。このすぐ先で車道に出る。道の両側には**❸ユズ園**が広がっており、晩秋から冬にかけてユズが黄色い実をたくさんつけている。

舗装された道を折り返しながら登っていくと、じきに二俣となる。「登山道」の道標に従い進むと、破風山・札立峠の分岐となる。山頂へは道標に従い、右へと登っていく。折り返すように曲がったところにあずまやとトイレがある。

晩秋のユズ園を行く

楽しさアップの自然観察

ヤマイモのムカゴ集め

秋から初冬にかけて山間ではヤマイモの葉の脇に1cmほどのムカゴがたくさんついている。ヤマイモというと地中の自然薯が注目されるが、山里では昔からムカゴを食材としてきた。小さいながらも食べるとなかなかの美味。塩ゆでにすれば、ホクホクとして、まさにお芋のよう。ご飯に炊き込んでムカゴご飯にしても、味噌汁に入れてもよい。

昔からの巡礼道にある札立峠

てきたことを実感する。

　下山は西へと一気に下っていく。途中、ユズ園からの道を合わせ、さらに下っていけば、じきに⑤札立峠に到着する。札立峠の案内板によれば、秩父巡礼は1巡約100kmを5泊6日で拝巡したそうだ。そして、この峠は札所33番菊水寺の参詣の後、水潜寺へと向かう際に越えた峠だそうで、

　山頂へは猿岩・風戸への道を分け、尾根道を登ること200m。アセビに囲まれた中を抜ければ、間もなく④破風山の頂上に到着する。山頂は狭いものの、赤茶色に塗られた小さい祠や三角点がある。北側はアカマツが視界を遮っているが、南面は大きく開け、秩父市街をはさんで武甲山がひときわ存在感をもって望める。左へと目を移せば、大霧山や堂平山などまで見渡せる。山頂で休んでいると、ズンッという音が響き、武甲山の山腹から白煙が上がるのが見えることがある。発破の瞬間を目の当たりにし、武甲山はこうして姿を変え

立ち寄り湯

秩父温泉満願の湯

武州最大の湯量をたたえる温泉。露天風呂の眼前には満願滝が落ち、滝音を聞きながらの入浴が気持ちよい。総石造りの黄金の湯は緑に包まれ、新緑や紅葉がきれい。秩父の名物料理も食べられる。☎0494-62-3026。入浴料900円(土・日曜、祝日は1050円)。10〜21時。無休。

水潜寺を指し示すお地蔵さん

立派な御堂が立つ秩父札所34番水潜寺

巡礼道となっている。

　ここから右へ、現在は関東ふれあいの道になっている道を下っていく。ときおり、杉の枝に「巡礼道」と書かれた札がぶら下がっている杉木立に囲まれた道をたんたんと下っていく。途中、「おつかれさま　水潜寺はすぐそこ」と指さすお地蔵さんを通過すれば、間もなく水潜寺だ。秩父三十四観音霊場の結願寺だけに御堂は立派だ。

　参拝を済ませ参道を下れば**⑥札所前バス停**がある。バスまで時間があれば、満願の湯まで歩いて汗を流していくとよい。途中、左に昔ながらの校舎が懐かしい旧日野沢小学校が現れたりして、山間の里風景が郷愁を誘う。

立ち寄りスポット

秩父札所34番水潜寺

秩父札所34番のほか、西国三十三所、坂東三十三所、秩父三十四所を合わせた日本百観音霊場の結願寺にもなっており、多くの参拝者が訪れる。観音堂には中央に千手観音、西国の阿弥陀如来、坂東の薬師如来がまつられ、御堂には巡礼を終えた人たちの杖や笠が納められている。本堂右手には水くぐりの岩屋があり、長命水が湧く。参拝自由。

破風山

札所前バス停⑥
杉木立の巡礼道を下る
水潜寺

破風山⑤大前山
653

札立峠④
627

破風山休憩所
ログハウスを通過すると車道も近い

沢を越えると急登が始まる

林道から山道へと入る

③

巻き道

0:30　0:45
0:15　0:10

武甲山・秩父盆地を展望

0:15　0:25

ユズ園

高橋沢コース

沢沿いの杉木立の林道
野巻神社

桜ヶ谷

桜ヶ谷コース

頼母沢

藤芝

皆野町

風戸入口
秩父温泉前
秩父温泉
満願の湯

札所前バス停から満願の湯まで歩いて30分ほど

皆野橋と郷平橋を渡る

高橋沢登山口

0:40
1:00

②

前原

野巻

トラックなどの交通量が多いので注意

上平

皆野町役場

皆野駅①
改札を右に出て踏切を渡る

0:30

梵の湯

秩父鉄道

N

1:50,000
500　1000m
1cm=500m
等高線は20mごと

秩父市

奈良川橋

和銅黒谷

日本武尊ゆかりの三峯神社。その奥宮へ

標高 **1329** m

妙法ヶ岳
みょう ほう が たけ

🥾 三峯神社バス停→奥宮分岐→妙法ヶ岳分岐→ベンチ広場→あずまや→妙法ヶ岳（往復）

三峯神社の遥拝殿から見た妙法ヶ岳（中央のコブ）

中級	総歩行時間 **2**時間**05**分
初級	総歩行距離 **4.4** km
入門	標高差 登り：**271** m / 下り：**271** m

登山レベル　体力：★
技術：★★

公共交通機関

往復：西武秩父線西武秩父駅→西武観光バス（約1時間20分）→三峯神社バス停

マイカー

圏央道圏央鶴ヶ島ICから国道407号、県道15号、国道299・140号を経由して三峯神社まで約72km。神社に大きな有料駐車場がある。

ヒント

西武秩父駅発の午前のバスは平日が3便、土日祝が4便あり、三峯神社発の最終便は全日16時30分発なので、バス利用での日帰りは十分可能だ。

問合せ先

秩父市大滝総合支所☎0494-55-0861
三峯神社☎0494-55-0241
西武観光バス秩父営業所☎0494-22-1635

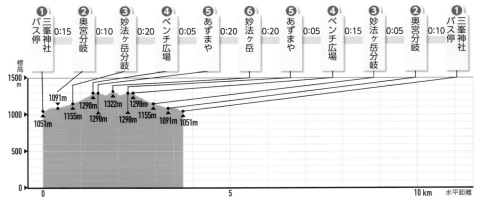

① 三峯神社バス停　0:15
② 奥宮分岐　0:10
③ 妙法ヶ岳分岐　0:20
④ ベンチ広場　0:05
⑤ あずまや　0:20
⑥ 妙法ヶ岳　0:20
⑤ あずまや　0:05
④ ベンチ広場　0:15
③ 妙法ヶ岳分岐　0:05
② 奥宮分岐　0:10
① 三峯神社バス停

標高
1500 m
1091m　1322m　1298m
1155m　1298m　1298m　1155m
1051m　1298m　1091m　1051m
1000
500
0
0　　　　　　　　5　　　　　　　10 km　水平距離

欄外情報 三峯神社境内の宿、興雲閣にある大滝温泉三峯神の湯で山の汗を流そう。関東でも1、2を誇る泉質が自慢で、登山者にも人気。10時30分〜18時。☎0494-55-0241。2023年11月現在、日帰り入浴休止中。

悠久の歴史をもつ社の奥宮を目指し、杉木立に包まれた信仰の道をたどる

概要 三峰（神社名は三峯）とは雲取山、白岩山、妙法ヶ岳の三山のこと。ここで紹介する妙法ヶ岳は、他の二山に比べ小つぶだが、コース中には切れ落ちた斜面の木段やクサリ場などもある。危険箇所ではないが、ぜひ慎重に行動してほしい。

コース 広々とした駐車場の一角にある❶**三峯神社バス停**から、ビジターセンターへと階段を上る。センター前を右に行くと「三峰千年の森」の看板が立ち、ここから美しいブナの森をゆるやかに登っていく。道はほどなく三峰神社からの道と合流し、右に行けばすぐに、登山ポストと白い二之鳥居が立つ❷**奥宮分岐**のY字路だ。

左に入って鳥居をくぐり、深い杉木立の道を歩く。10分ほどで❸**妙法ヶ岳分岐**。まっすぐは雲取山に続く道で、木の鳥居をくぐって左に折り返すように続いているのが、妙法ヶ岳への道だ。

昼なお暗い急坂を20分ほど登ると❹**ベンチ広場**で、大きなイヌブナが立つ。この広場から、左

頂上手前からの両神山（中央左の鋸歯状の山）

側が急傾斜に切れ落ちた斜面を横断すれば、5分とかからずに❺**あずまや**と白い石鳥居、そして巨大なブナが立つ鞍部だ。

この鳥居の下からがいよいよ核心部。ヤセ尾根に続く道には、急傾斜の鉄階段や石段が現れる。とはいっても、初級者にもこなせるものばかり。古い木の鳥居をくぐったら頂上はもう間近で、最後の岩場をクサリと手すりに助けられて登り切れば（ストックは畳んでおいたほうがいい）、小さな社の立つ❻**妙法ヶ岳**だ。

狭い頂上には社や狛犬、多くの石碑が立ち、信仰登山の山であることをうかがわせている。一方、展望はといえば、社を取り囲む木々が邪魔をしがち。それでも南面は開け、雲取山方面や都県境の山々が大きい。西に目を移せば大きな和名倉山、社の裏からは両神山や西上州。深い谷をはさんで

頂上直下のクサリ場は登り下りとも慎重に

三峯神社の遥拝殿もぽつんと見えている。そして、やさしげな狛犬。社一式でスペースはいっぱいなのに、なぜか長居したくなる不思議な頂だ。

さて下り。頂上直下の岩場だけは慎重に行きたい。その後も、あずまやまでは十分な注意が必要だ。奥宮分岐まで下ってもし時間が許せば、ぜひ三峯神社の見学も。荘厳な本殿や山門、博物館など数多い見どころだけでなく、遥拝殿から眺める妙法ヶ岳が、短いながらも充実した山歩きをより思い出深いものにしてくれる。時間があれば三峰ビジターセンターも訪れてみよう。

耳よりコラム

狛犬はじつはオオカミ!?

三峯神社の眷属（けんぞく）（神の霊力を賜り、神と同じように尊ばれる動物）はオオカミ（オイヌサマともよばれる）。境内・奥宮の狛犬はすべてがこのオオカミだ。日本武尊が三峰の山々に登った際、その道案内をしたともいわれ、神にもっとも近い眷属として、秩父地方で信仰されている。

妙法ヶ岳頂上に立つ、三峯神社奥宮

三峰公園
1101
カタクリ、ミツバツツジ、シャクナゲ

三峰観光道路

1127

薬師堂跡 ← 妙法ヶ岳が見える

清浄ノ滝

表参道コースは滑落の危険があり、ビギナーは下らないこと。冬は凍結する

三峯神の湯

興雲閣

ゴーロ（岩塊）帯

妙法ヶ岳が見える

三峯神社

遥拝殿

三峰山博物館

食堂やみやげ店が並ぶ

三峰ビジターセンター

妙法ヶ岳

④〜⑤間のトラバースは転落注意

1253

石がゴロゴロ。転倒に注意

三峯神社バス停 ❶

三峯神領民家

奥宮分岐 ❷
登山ポストあり

ベンチ広場

あずまや

奥三峯神社

❻ **妙法ヶ岳**

細い尾根道。岩場、クサリ場あり

1329

0:20

妙法ヶ岳分岐 ❸

大きなイヌブナが立つ

あずまや ❹

❺

白い大きな鳥居がある

0:05

大輪
鳥居

登竜橋

P

荒川

140

埼玉県
秩父市

雲取山↓

炭焼平

N

1:25,000

0 250 500m

1cm=250m
等高線は20mごと

四阿屋山
あ ず ま や さん

🥾 薬師堂バス停→展望広場→両神神社奥社→四阿屋山→山居分岐→薬師堂バス停

四阿屋山頂上から眺める両神山と二子山（右の双耳峰）

公共交通機関

往復：西武秩父線西武秩父駅→小鹿野町営バス（約45分）→薬師堂バス停　または、秩父鉄道三峰口駅→小鹿野町営バス（約20分）→薬師堂バス停

マイカー

関越自動車道花園ICから国道140号、皆野寄居有料道路、寄居秩父バイパス、国道299号、県道37号を経由して道の駅両神温泉薬師の湯まで約35km。道の駅の駐車場を利用する。

ヒント

西武秩父駅から薬師堂へのバスは、登山向きとしては8時台と10時台の2本。三峰口駅からのバスは、7時台と8時台の2本がある。

問合せ先

小鹿野町まちづくり観光課（バス・登山情報）☎0494-75-5060

総歩行時間	3時間 15分	中級
総歩行距離	5.5 km	初級
標高差	登り 452m 下り 452m	入門
登山レベル	体力：★ 技術：★★	

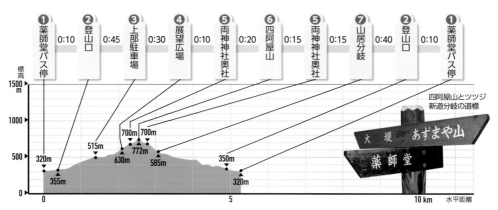

標高
1500 m
1000
500
0

❶薬師堂バス停　0:10　❷登山口　0:45　❸上部駐車場　0:30　❹展望広場　0:10　❺両神神社奥社　0:20　❻四阿屋山　0:15　❺両神神社奥社　0:15　❼山居分岐　0:40　❷登山口　0:10　❶薬師堂バス停

320m　355m　515m　700m　700m　630m　772m　585m　350m　320m

四阿屋山とツツジ新道分岐の道標

大堤　あずまや山
薬師堂

0　5　10 km　水平距離

欄外情報　薬師堂に隣接する、道の駅両神温泉薬師の湯で山の汗を流そう。駅内にある農産物直販所での買い物も楽しい。☎0494-79-1533。入浴料700円。10〜20時。火曜休（祝日の場合は翌日）。

201

四阿屋山

ショウブ園からフクジュソウ園地を経て、最後は何本ものクサリをつたい頂上へ

道の駅の南、小森川にかかる橋から見た四阿屋山

概要 アクセスに恵まれた山ではないが、初春から夏にかけ、さまざまな花が咲くハイキングコースとして人気が高まっている。2月後半から3月にかけてのロウバイ、フクジュソウ、セツブンソウ、4月のアカヤシオ、ミツバツツジ、6月のハナショウブ、7月のヤマユリとアジサイ…。ビギナーでも歩ける山とはいえ、山頂直下のクサリ場ではちょっとしたスリルも味わえる。

コース 登山口は❶薬師堂バス停。薬師堂は目薬師ともよばれ、堂の周囲の壁には願いの込められた絵馬が重なり合うように奉納されている。ここから10分ほどで花ショウブ園にある❷登山口だ。小沢を渡って取り付いた尾根は、中間に明るい雑木林があるものの、多くは杉林。コース途中にいくつか分岐があるが、道標はしっかりしている。ゆるやかな尾根を登ること小1時間で車道。ここには❸上部駐車場やトイレ、水場があり、車で上がってきてもよい。なおトイレは、車道を左に50mほど行ったところにある。

車道を渡り、右手に見える道標から再度、登山道に入っていく。小さな社を過ぎると左側に何度か分岐が現れるが、そちらは気にせず雑木林の尾根を進む。落葉期なら、木の間越しに両神山や二子山の姿を見ることができるだろう。やがて道はY字の分岐になる。右は直登コースで、左はフクジュソウ園地経由の道。どちらも上部で合流する

が、園地には休憩舎があり、武甲山の大きな姿を眺めることができる。この休憩舎の周辺には7月前半、数多くのアジサイが咲く。

休憩舎のすぐ上部の❹展望広場で両コースは合流し、急傾斜の木段を登る。本コースでの踏ん張りどころだ。傾斜がゆるんだところで右から鳥居山コースを合わせれば❺両神神社奥社。杉木立に囲まれ、質素ではあるが、荘厳な雰囲気を醸し出している。

頂上へは、奥社の左手を行く。通行禁止コースの看板を右に見送ったあと、下り気味にトラバース（山腹や岩場を横断するように移動すること）していけば、四阿屋山名物のクサリ場が登場する。とはいうものの、クサリを使わなくても登下降できる場所ばかりなので、慎重に行けば何ら問題はない。凍結などで足場が悪いときの補助と考えればよい。ほどなく左からツツジ新道（山慣れた人向き）が合流し、最後のクサリ場を越えれば❻

杉木立のなかにひっそりたたずむ両神神社奥社

セーフティ・チェック

クサリ場の上手な歩き方

腕力に頼らざるを得ないクサリ場はまれ。補助的に使う場合がほとんどだ。コツは靴の底をしっかりと岩や足場にかけること。足にしっかり体重を乗せられれば、クサリを軽くつかんでいるだけで安定する。怖がって不安定な姿勢でクサリに頼らないことだ。ストックは畳んでおく。

四阿屋山の山頂だ。狭い頂上は樹林に囲まれているが、唯一開けた西面からは、両神山や二子山といった特徴ある山々が間近に望める。

下りは⑤両神神社奥社から左に鳥居山コース（道標は柏沢・薬師堂→）をとる。最初は急傾斜の下りが続くが、⑦山居分岐を過ぎればあとはなだらかな尾根。柏沢分岐を右に行き、埼玉県と中国山西省との友好記念で建てられた友好之林展望台から整備された道を下れば、花ショウブ園の②登山口に飛び出す。ここから①薬師堂バス停まではわずかだ。

4月になるとそこここで見られるミツバツツジ

山頂に向けて新緑の道を行く

立ち寄りスポット

薬師堂

バス停名ともなっている薬師堂（法養寺）は別名、目薬師。眼病にご利益があるといわれ、「め」の文字が2文字入った数多くの絵馬が、堂の壁づたいに奉納されている。戦国時代、鉢形城主の北条氏邦が移築したものと伝えられ、堂内には寄せ木造りの日光菩薩・月光菩薩立像や十二神将像が安置されている。守護尊は薬師如来で、秩父十三仏の一つ。

鋸歯のごとく切り立った特異な山容で目を引く日本百名山　　標高 **1723** m

両神山
りょう かみ さん

日向大谷口バス停→会所→清滝小屋→両神神社→両神山(往復)

四阿屋山から見た鋸歯のような山容が印象的な両神山

中級	総歩行時間 **6**時間**10**分
初級	総歩行距離 **10.2**km
入門	標高差 登り:**1063**m 下り:**1063**m

登山レベル　体力:★★★　技術:★★★

公共交通機関
往復:西武秩父線西武秩父駅→小鹿野町営バス（薬師の湯で乗り換え・約1時間30分）→日向大谷口バス停　※西武秩父駅からタクシー利用の場合、日向大谷口まで約1万円。

マイカー
関越自動車道花園ICから国道140号、県道37・279号などを経由して日向大谷まで約50km。登山者用無料駐車場と両神山荘前に有料駐車場がある。

ヒント
西武秩父駅〜日向大谷口のバスは始発が8時台で日帰りは難しい。バス利用の場合、登山口の両神山荘や薬師の湯から近い国民宿舎両神荘に前泊となる。

問合せ先
小鹿野町まちづくり観光課（バス・登山情報）☎0494-75-5060
秩父丸通タクシー☎0120-02-3633

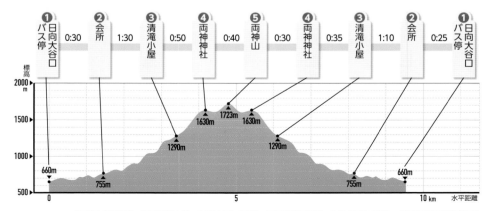

①日向大谷口バス停　0:30　②会所　1:30　③清滝小屋　0:50　④両神神社　0:40　⑤両神山　0:30　④両神神社　0:35　③清滝小屋　1:10　②会所　0:25　①日向大谷口バス停

標高 m
2000
1500
1000
500

660m　755m　1290m　1630m　1723m　1630m　1290m　755m　660m

0　　　　　5　　　　　10 km　水平距離

欄外情報：宿泊施設：民宿両神山荘☎0494-79-0593。国民宿舎両神荘☎0494-79-1221。国民宿舎両神荘宿泊の場合、薬師の湯バス停始発6時45分に乗れば、日向大谷口バス停に7時20分に到着。時刻は事前に要確認。

日向大谷口から信仰の道をたどり
岩峰の両神山を往復

概要 秩父の北西部にそびえる両神山は鋸歯のような山容が特徴的だ。奥武蔵や秩父の山々に立てば、誰もがひと目でわかる存在だ。江戸時代には修験道の行場として登られ、コース上には石仏や石碑が立ち、山頂付近には両神社も建てられている。山頂直下にはちょっとした岩場があるが、春はアカヤシオに包まれ桃源郷のよう。公共交通利用の場合、アクセスが悪いため、登山口の両神山荘などに前泊するのが一般的だ。

コース ❶**日向大谷口バス停**から車道脇の石段を上がると両神山荘だ。山道は山荘のすぐ手前から左へと延びる道を進む。畑の脇をゆるやかに進むと、すぐに山頂まで5.6kmの道標がある。この少し先で石鳥居をくぐれば、いよいよ山道へと入っていく。

まずは杉や雑木の林の中をゆるやかに登っていく。しばらくで小沢を横切ると急な登りとなる。再び山腹を巻きゆるやかに登っていくと❷**会所**とよばれる七滝沢コース（2023年11月現在、通行止め）分岐だ。

七滝沢コースを見送って下ると沢に出る。小さな橋を渡りゆるやかに登っていくと、じきに薄川沿いの登りとなる。苔むした岩を縫って流れる沢が何とも心地よい。頭上にはサワグルミやカエデ

緑あふれる山腹を登っていく

などが枝を広げ、新緑の頃は特に気持ちがよい。沢を何度か渡り返しながら進むと、次第に沢筋をはずれ本格的な登りとなってくる。

しばらくすると、不動明王像が立つ八海山に到着。日向大谷から3.1km、両神山頂までは2.6kmポイントだ。ここから清滝小屋までは800mだ。標高を上げるにつれ、周囲にはブナなども見られるようになり、5月頃は林床でニリンソウが白い花をたくさん咲かせている。

さらに登っていくと弘法之井戸に到着。水量は少ないが湧水が喉を潤してくれる。ここからさらにもうひと登りで❸**清滝小屋**に到着。丸太小屋造りの雰囲気のよい小屋だが、あくまでも避難小屋のため、緊急時以外の利用は控えたい。周囲には

避難小屋の清滝小屋

楽しさアップの自然観察

春一番に咲くアカヤシオ

冬枯れの山上で葉が芽吹く前にいち早く花を咲かせるツツジ。近畿以西に生育するアケボノツツジの変種で、別名アカギツツジともいわれる。同じように葉が芽吹く前に咲くツツジにミツバツツジがあるが、花びらの色と形がだいぶ違う。ミツバツツジは赤みが強いが、アカヤシオは苺牛乳のような淡いピンク色。花びらは桜にも似た丸いハート型で可愛い。

アズマシャクナゲが見られ、初夏にはきれいな花を咲かせる。

　ひと息入れたら、小屋の裏手から産泰尾根に向けジグザグに登っていく。産泰尾根に出ると山頂までは1.4km。しばらくはゆるやかな稜線を行くが、途中からクサリ場やロープ場があるので、足場をしっかり確認しながら三点確保で進もう。

　傾斜がゆるくなるとまもなく**❹両神神社**に到着する。すぐ先には御嶽神社もある。三峯神社や武甲山武蔵御嶽神社同様、秩父地域の狛犬はオオカミである。

　神社を過ぎたあたりから、尾根上にはアカヤシオが多くなってくる。5月中旬頃には、ほかの木々の芽吹きに先がけてピンクの花を咲かせ、まさに山上に春を告げるといった趣だ。しばらくはゆるやかな尾根上を行くが、最後にクサリがかかる大きな岩場となる。足場はしっかりしているので、慎重に登ればそれほど危険はないが、ストックを

サブコースチェック

白井差新道コースと八丁尾根コース

かつてよく登られていたコースに山頂まで最短の白井差コースがあった。しかし、登山者の集中による山荒れなど諸問題から、しばらく入山禁止になっていた。現在は事前予約にて原則1日30名まで入山できる。入山に際しては環境整備費として入山料1000円が必要。白井差から山頂まで登り2時間30分、下り1時間45分。連絡先＝山中豊彦さん☎0494-79-0494。一方、経験者向き

なのが八丁尾根コース（写真）だ。八丁隧道から八丁峠〜西岳〜東岳を経て山頂に立つコースは、途中、クサリ場や岩場のアップダウンが続くが、その分、山頂に立ったときの充実感は高い。八丁隧道から山頂までは登り3時間15分、下り2時間30分。いずれも登山口へのアクセスは車利用となる。

産泰尾根へ上がると両神山の山頂が見える

両神山の山頂に祀られている石祠

持っている場合は畳んで、両手をフリーにして確実に登っていこう。これを登れば、待望の⑤両神山の最高峰、剣ヶ峰だ。山頂は狭いが、大パノラマが広がり、二等三角点と石祠が置かれている。展望盤もあるので山座同定を楽しもう。奥秩父から西上州の山々の奥には、富士山や八ヶ岳、浅間山などが一望できる。

　下山は往路を戻ることになるが、岩場は下りが危険なので十分注意すること。また、標高差にして1000m以上の下りとなる。翌日に筋肉痛を残さないためにも、慌てずマイペースで行こう。

立ち寄り湯
両神温泉薬師の湯

道の駅両神温泉の温泉施設。湯は単純硫黄冷鉱泉で神経痛や筋肉痛、疲労回復などの効能がある。館内には展望大浴場、大広間、食堂、農産物の直売所もある。☎0494-79-1533。入浴料700円。10～20時（入場は19時30分まで）。火曜休（祝日の場合は翌日）。

神山神社の狛犬

高尾・奥多摩・奥武蔵・秩父の山あるき

2024年 1 月15日　初版印刷
2024年 2 月 1 日　初版発行

編集人	志田典子
発行人	盛崎宏行
発行所	JTBパブリッシング

〒135-8165　東京都江東区豊洲5-6-36
豊洲プライムスクエア11階

企画・編集	ライフスタイルメディア編集部
	担当：今城美貴子
編集・制作	森田秀巳、秋田範子、片桐恵美
取材・執筆	松倉一夫
	桑子 登
	田口裕子
	樋口一成
写真協力	山岳写真ASA（秋山久江、天藤寛子、
	小倉謙治、菊地弘幸、庄内春滋、藤島浩、
	星野恒行、吉田公彦、渡邉明博）、吉田祐介、
	PIXTA、フォトライブラリー
表紙・デザイン	トッパングラフィックコミュニケーションズ
	（淺野有子）
地図製作	千秋社
組版	千秋社
印刷	TOPPAN

◎本書で掲載した地図は、国土地理院発行の2万5千分の1地形図、5万分の1地形図を調整したものです。
◎本書の取材・執筆にあたり、ご協力いただきました関係各位に、厚くお礼申し上げます。
◎本書の掲載データは2023年11月現在のものです。料金はすべて大人料金です。定休日は、年末年始、盆休み、ゴールデンウィークは省略しています。
◎本誌掲載の料金は、原則として取材時点で確認した消費税込みの料金です。ただし各種料金は変更されることがありますので、ご利用の際はご注意ください。
◎各種データを含めた掲載内容の正確性には万全を期しておりますが、登山道の状況や施設の営業などは、気象状況などの影響で大きく変動する事があります。安全のために、お出かけ前には必ず電話等で事前に確認・予約する事をお勧めします。山では無理をせず、自己責任において行動されるようお願いいたします。事故や遭難など、弊社では一切の責任は負いかねますので、ご了承下さい。

編集、乱丁、落丁のお問合せはこちら
https://jtbpublishing.co.jp/contact/service/

JTBパブリッシング お問合せ 🔍

おでかけ情報満載　https://rurubu.jp/andmore

JTBパブリッシング
https://jtbpublishing.co.jp/